**A.-L. Bittard**



# Les Écoles de Blessés

**Pensions**
**Prothèse**
**Apprentissage**
**Placement**

**Ouvrage honoré de Souscriptions des Ministères de la Guerre, de l'Intérieur du Commerce et du Travail**

**Librairie Félix Alcan**

329-16. — Coulommiers. Imp. PAUL BRODARD. — 10-16.

# LES ÉCOLES
# DE BLESSÉS

OUVRAGE HONORÉ DE SOUSCRIPTIONS

DES MINISTÈRES

DE LA GUERRE (SERVICE DE SANTÉ MILITAIRE),

DE L'INTÉRIEUR,

DU COMMERCE

ET DU TRAVAIL.

**A.-L. BITTARD**

Ancien Élève diplômé
de l'École des Sciences Politiques.



---

# LES ÉCOLES DE BLESSÉS

---

PARIS
LIBRAIRIE FÉLIX ALCAN
108, BOULEVARD SAINT-GERMAIN, 108

1916

A

*LA CHÈRE MÉMOIRE*

DE MON FRÈRE JOSEPH

TOMBÉ AU CHAMP D'HONNEUR

D'UNE BALLE AU FRONT, A LA TÊTE DE SON ESCOUADE

LE 21 DÉCEMBRE 1914

A JONCHERY (MARNE)

*QUI FIT NOBLEMENT SA TÂCHE DE TRAVAILLEUR*
*COMME DE SOLDAT*

*A.-L. B.*

*Des problèmes qui sont nés de la guerre, celui de la réadaptation des blessés au travail est sans doute l'un des plus pressants. Par les vues nouvelles qu'ouvre la recherche de sa solution, par les conséquences que celle-ci peut avoir sur l'avenir du pays, il est à coup sûr le plus captivant : en le résolvant, on ne se bornera pas à réparer le mal venu du cataclysme, on fera servir cette réparation à l'achèvement de la victoire, par la préparation du grand essor français qui devra suivre la paix.*

*Ce qu'il y a de prodigieux dans l'époque que nous vivons, apparaît ici en pleine lumière. La puissance de transformation sociale que la guerre a fait naître s'accuse par la nouveauté, par la hardiesse des modes d'action qu'elle met en œuvre.*

*Les cadres que nous avions donnés à l'assistance, craquent, étroits et vermoulus, sous la formidable pression d'une nécessité inconnue jusqu'alors. Il ne faut pas seulement secourir les individus, il faut aussi refaire les éléments de la vie active du pays, et cela, non pas après les hostilités, mais en pleine bataille. A ces hommes qui, dans l'enfer des combats, ont vécu les plus grands événements peut-être de l'histoire du monde, et qui ne connaîtront plus la plénitude de la vie, il ne pouvait suffire de terminer leurs jours dans la médiocre indolence que leur aurait assurée la solidarité nationale. L'action les a pris tout entiers. C'est en agissant, presque en combattant encore pour l'autre victoire, la libération économique, qu'ils s'assisteront eux-mêmes, par le travail et par l'intelligence.*

*Du coup toutes nos idées reçues en ont été bouleversées : il a fallu créer de toutes pièces la rééducation fonctionnelle; transformer notre orthopédie et notre prothèse; organiser à la hâte des centres de convalescents, des œuvres d'assistance; improviser la rééducation professionnelle, multiplier, par des moyens de fortune d'abord, les ateliers de réapprentissage. Puis, les premiers résultats acquis, leurs conséquences ont éclaté à tous les yeux : notre législation des assurances était à modifier; nos modes et nos organes de placement insuffisants, surannés; l'organisation de notre travail national, de notre apprentissage, la réglementation de notre salariat, l'appropriation de notre production et la préparation de notre commerce rudimentaires, pour ne pas dire inexistantes. Sur tout et partout, dans le domaine économique et social, notre ridicule timidité conservatrice, notre dogmatisme d'école, pompeux et vide, nos routines paresseuses apparaissaient incompatibles avec l'action nécessaire et salvatrice.*

*Mais l'âme française, exaltée dans les suprêmes épreuves, a splendidement réagi, est capable de réagir mieux encore. Au milieu même de la tourmente, nous pansons nos plaies, restaurons nos ruines, et, tandis que tombe notre héroïque jeunesse, tentons de reformer, des victimes mêmes de la catastrophe, notre armée du travail de demain. Pour mener à bien cette tâche, nous renversons des obstacles, brisons des difficultés qui nous auraient paru hier insurmontables; nous construisons des pans de mur dont nous n'eussions pas pensé pouvoir assembler les moellons la veille; nous préparons les fondations d'un édifice nouveau que nous ne nous croyions pas capables même de concevoir, et qui portera plus haut encore le drapeau victorieux de la civilisation, les trois couleurs immortelles de la Révolution française.*

*Ce labeur ne va pas sans heurts, sans à-coups, sans fausses manœuvres. Il a été constitué à l'origine par tant d'efforts divers qu'il a quelque peine à se discipliner. Son objet est si différent des buts poursuivis avant la guerre par notre activité nationale, qu'il se ressent de méthodes insuffisamment renouvelées et que ses résultats ne sont pas, peut-être, ce qu'ils devraient être. L'heure est venue cependant de lui faire produire tous ses fruits, de l'intensifier — de telle façon qu'il serve d'exemple aux efforts semblables qui devront le suivre et le compléter pour l'élaboration de la France nouvelle....*

*Dégagé de toute préoccupation particulière, animé du seul désir de faire œuvre utile, sans préventions comme sans ménagements et le plus simplement possible, c'est de tout cela que j'ai essayé de donner une faible idée à ceux qui liront ce qui suit.*

*A.-L. BITTARD*

*3 juin 1916.*

# INTRODUCTION

Parmi les ruines que fait la guerre, il n'en est pas de plus émouvantes que les ruines humaines. On rebâtit une ville, on reconstruit un palais, une église; on ne refait pas un homme. Aussi peu qu'il le soit, le mutilé, l'estropié sort de l'épopée dans laquelle il fut un héros, frappé d'une déchéance physique que le temps aggravera en la dépouillant peu à peu de ce qui s'y attache de grandeur et de beauté. Les croix, les pensions ne remplaceront jamais pour lui l'auréole de gloire très pure dont s'entoure pour toujours le souvenir de celui qui tomba au champ d'honneur. Il ne saurait y avoir de pire victime.

Jadis le soldat dont le malheur avait été de perdre une partie de lui-même au service du roi, recevait pour suprême récompense la liberté de chercher son pain sur les routes. Il n'était ni nourri aux frais de l'État comme à Athènes, ni secouru par les caisses publiques comme dans la Rome d'Auguste. Rares étaient ceux que les monastères acceptaient comme « frères lais », suivant les ordonnances de Charlemagne, et un petit nombre seulement recevaient pour la garde des châteaux forts les *mortes-payes* instituées par Saint Louis. La plupart tombaient à la mendicité.

Les aveugles allaient ainsi par le pays, attachés les uns aux autres en longues théories larmoyantes et plaintives. Boiteux, manchots, culs-de-jatte suivaient les foires et les fêtes, chantant leurs exploits en complaintes, se donnant rendez-vous aux pélerinages fameux, traînant de ville en ville leurs douloureuses infortunes. Vivant d'aumône et souvent de rapine, ils étaient à la fois la lèpre et la terreur des campagnes.

« Regardez les gravures de Callot, écrit M. Edouard Herriot, vous y verrez ce malheureux éclopé de la guerre s'appuyant sur ses deux bâtons, vêtu de guenilles sordides, laissant pendre à son côté la besace que remplira peut-être la charité du passant, et si piteux, si triste, malgré le feutre empanaché qui tâche en vain de lui conserver un air de gloire ! »

C'était l'époque où l'on trouvait tout juste un maître barbier à la suite d'un régiment pour soigner tant bien que mal quelque grand seigneur, comme Montluc par exemple, — où les *miséricordes* et les *bouges*, expertement maniées au soir de la bataille, envoyaient les moribonds ennemis dans l'autre monde, — l'époque enfin où la Providence remplaçait à la fois la science médicale et la solidarité sociale.

« Je le pansay, Dieu le guarist! » disait Ambroise Paré de son blessé. Au moins le pansait-il et presque scientifiquement, selon la chirurgie rénovée de son maître Vésale. Mais il faudra attendre presque cent ans encore avant que l'assistance s'ajoute à la guérison.

Saint Louis avait bien réuni trois cents aveugles aux Quinze-Vingts, Henri III fondé l'ordre de la *Charité chrétienne* pour les gentilshommes mutilés, et Henri IV l'hôpital du même nom pour recueillir les blessés sauvés par les premières ambulances dont Sully dota l'armée au siège d'Amiens, pour quoi l'on appela celui-ci le « siège de velours », tant l'innovation fit impression. Ce n'est tout de même qu'au XVIIe siècle qu'on trouve le premier véritable essai d'hospitalisation, avec Louis XIII consacrant le château de Bicêtre aux victimes de la guerre de Trente Ans, et avec Louis XIV fondant l'hôtel des Invalides.

Les Invalides! Pendant trois siècles, quand on aura prononcé ces deux mots, on aura presque tout dit en matière d'assistance aux blessés. De l'Édit de 1700 qui les institua jusqu'à la loi de 1831 qui les réglementa, les pensions resteront en effet peu de chose à côté de la renommée des Invalides.

L'immense et somptueux palais construit par Bruant, l'un des plus beaux monuments du Paris moderne, reste comme le reliquaire de nos gloires passées. Il a recueilli les blessés de trente guerres, servi d'asile aux valeureuses épaves de deux cents ans de luttes militaires, réuni fraternellement les soldats du Roi, de la République et de l'Empire. Il a connu les sorts contraires, les vicissitudes de notre histoire, tour à tour riche des libéralités de Louvois et de Napoléon, et pauvre des maigres crédits des budgets de la Révolution; tour à tour élargi jusqu'à comprendre sous l'Empire plus de six mille braves en dehors des centaines d'autres placés dans ses trois annexes éphémères de Gand, Versailles et Avignon, — et réduit dans sa destination primitive au point de ne plus compter qu'à peine sept cents hôtes et de céder une partie de ses bâtiments à un régiment d'infanterie comme au lendemain de 1870.

Ce n'était plus qu'un musée avant la guerre, le plus glorieux de tous, mais un musée seulement. Il n'y avait presque plus d'Invalides, les quelques-uns qu'on trouvait encore dans les galeries sonores et dans les vastes cours paraissant d'un autre âge, comme les gardiens d'un trésor héroïque de grandeur militaire, — ou faisant songer aux légendes et aux caricatures d'Henry Monnier et presque à la fameuse plaisanterie de l'Invalide à la tête de bois!

C'est que, depuis longtemps déjà, l'hospitalisation a été reconnue mauvaise. Je cite, après M. Herriot, l'opinion de Voltaire que le soldat libéré « peut encore labourer et travailler d'un métier utile et donner des enfants à la patrie », et celle du colonel Ardant du Pic, peut-être exagérée, mais si curieuse et si topique : « L'Institution des invalides est superbe comme chose d'apparat, d'ostentation. Je veux bien que l'idée première ait été une idée de justice, une idée chrétienne, non purement de politique militaire; mais les effets sont désastreux d'immoralité. Cette agglomération de fainéants est une école de dépravation où le soldat invalide perd, dans la vie, le droit au respect ».

Encore que l'étranger ait copié notre vieille institution, que l'Angleterre ait créé Chelsea et Greenwich, la Suède Upsal, la Russie Gatchina avec ses maisonnettes personnelles, la Prusse Stople et, dans toutes ses provinces, des compagnies militaires d'invalides, le système a, peu à peu, fait place à celui des retraites. On a compris dans tous les pays du monde qu'il valait mieux assurer la vie des soldats blessés, chez eux qu'à l'hôpital ou à la caserne.

Une loi bien vieille aujourd'hui, et bien peu proportionnée aux nécessités de l'heure présente, a été la charte type de tout ce système. C'est notre loi de 1831, faite en un temps où l'armée était encore une armée de métier dans laquelle le soldat qui tombait ne faisait d'autre vide que celui qu'il laissait dans le rang, sa famille elle-même ne perdant à sa mort que sa solde militaire. Ce que l'on devait, en de telles conditions, au soldat blessé ou à la veuve ou au fils du disparu, c'était la récompense nationale du service rendu. Les années de caserne, le grade, quelque peu l'appréciation de la blessure comptaient seuls comme déterminants de l'importance de cette récompense.

Les milliers de victimes des guerres du siècle dernier ont été pensionnées de cette façon. Elle était la bonne en 1831. Comme toutes choses, elle a cessé de l'être avec le temps : la force d'inertie et aussi sans doute des obligations plus impérieuses ont empêché, jusqu'à la veille de cette guerre, qu'on la changeât. En dépit même de l'anachronisme qu'elle faisait dans nos mœurs, nous avons conservé la loi de 1831 quarante ans de plus qu'il n'aurait fallu.

Cela n'est plus possible maintenant.

La guerre n'est plus comme jadis une lutte de soldats : ce n'est pas trop de dire qu'elle est un heurt de peuples. La mobilisation jette aux frontières, non pas seulement la couverture précaire des formations actives de l'armée, mais toute la nation valide dressée contre le danger commun. Le soldat est surtout et avant tout un citoyen que l'appel aux armes a enlevé à son foyer, à son métier, qui n'a fait qu'interrompre l'exercice d'un rôle social déterminé pour voler au secours de la patrie.

Une telle guerre, dans laquelle se trouvent en jeu les meilleures forces du pays, fait des victimes d'un ordre nouveau : c'est une partie de la vie économique de la nation qu'elle consomme, une partie de sa puissance sociale qu'elle anéantit. Pertes formidables, autrement importantes que la simple disparition d'unités combattantes, et qui ne sauraient être réparées par les pensions de 1831, ni pour l'individu, ni pour la famille, ni pour le pays.

Une récompense nationale, cela n'a pas de sens quand c'est toute la nation qui se bat. On a suffisamment multiplié les distinctions pour honorer les formes les plus valeureuses ou les plus tapageuses du courage personnel. L'État a d'autres devoirs envers le blessé, envers la veuve, les enfants ou les parents du disparu, envers lui-même enfin : à la veuve, aux enfants, aux parents il doit la réparation de la perte sociale qui fut la leur, et il la leur doit proportionnelle à la place que tenait le disparu dans la vie, c'est-à-dire proportionnelle à ses charges de famille; — à l'invalide il doit une retraite en rapport avec la diminution physique et professionnelle qu'il a subie; — il se doit à lui-même enfin, de reconstituer dans la mesure du possible l'élément d'activité productrice et, partant, de prospérité nationale qu'était le blessé dans la plénitude de sa validité, en le mettant à même de reprendre sa place au travail et de conserver ainsi sa dignité d'homme et de citoyen.

L'accomplissement de ce dernier devoir présente une nécessité non moins impérieuse si on l'envisage au point de vue de la collectivité que si on le considère au point de vue de l'individu. Si la nation parvient à restituer le blessé à son labeur, elle accroît sans doute dans une proportion très grande la somme des réparations qu'elle lui accorde. Mais elle travaille pour elle aussi : Songe-t-on au vide formidable qu'aura fait la guerre dans le prolétariat des villes et des campagnes, peut-être plus encore que dans aucune autre classe de la société? Et songe-t-on à l'effort intensif qui devra être celui de notre industrie, de notre agriculture de notre commerce, si nous voulons vraiment au lendemain de la paix achever sur le marché mondial, la victoire que nous devrons à nos armées? La disproportion sera si grande entre le but à atteindre et les moyens pour y arriver qu'il ne sera pas de trop de rechercher des solutions nouvelles, dont la première qui se présente à l'esprit est de toute évidence l'utilisation, et par conséquent la préparation de la main-d'œuvre des blessés et mutilés.

La main-d'œuvre des blessés et mutilés? Piètre main-d'œuvre, dira-t-on. Eh bien non. Elle vaut quelquefois l'autre.

Mais, si même elle lui est généralement inférieure, ce n'est jamais tellement qu'il puisse être téméraire d'en faire état. Le mutilé, l'estropié, l'aveugle, peuvent travailler, et travaillent, en fait, d'une façon suffisamment productive pour que, depuis longtemps, on ait songé à organiser méthodiquement leur apprentissage.

Bien avant que Braille mît en pratique l'écriture en relief, bien avant même que Valentin Haüy inventât l'alphabet des aveugles, ceux-ci se livraient déjà à des métiers fort divers dans certains desquels ils sont devenus de véritables spécialistes. Les instituts de jeunes aveugles ont formé des générations d'artisans dont l'histoire est assez connue pour qu'il soit inutile d'y insister davantage. Et l'Association Valentin Haüy, depuis vingt-six ans qu'elle fonctionne, est venue de la sorte en aide, à plus de dix mille malheureux. De même l'Institut national des sourds-muets a fait beaucoup pour faciliter l'éducation professionnelle des trop nombreux infirmes de cette catégorie.

L'assistance par le travail n'a pas réalisé les mêmes progrès pour les estropiés et mutilés. L'initiative du président de Pomponne de Bélièvre, fondant en 1657 un asile dans lequel les infirmes devaient trouver un travail approprié, est isolée. Bien qu'un médecin militaire du XVIII^e^ siècle, le major Tissot, des chevau-légers, ait préconisé, en avance sur son temps, l'emploi du travail comme moyen de rééducation fonctionnelle pour les blessés et estropiés, et malgré la disposition d'un décret de Napoléon, venant après les efforts de la Révolution et décidant que « les estropiés et infirmes qu'on ne trouverait pas à placer hors l'hospice y resteront à charge de chaque hospice » et que « des ateliers y seront établis pour les occuper »; malgré l'essai tenté en 1850 par la ville de Grenoble, il faudra attendre plus d'un siècle, ces tentatives étant restées sans lendemain, pour que l'idée soit reprise sous le second Empire par le comte de Beaufort organisant l'*Association pour l'assistance aux mutilés pauvres*, et les frères Saint-Jean de Dieu, créant l'*Œuvre-Asile des jeunes garçons infirmes et pauvres*; — plus d'un siècle et demi pour qu'elle entre vraiment dans l'assistance publique avec les ateliers départementaux de la Seine ouverts en 1899 à Montreuil, rue Compans, rue Planchat et rue de l'Amiral-Mouchez, sur la généreuse intervention du conseiller général Marsoulan, et dans lesquels sont rééduqués professionnellement, pour quelques métiers faciles, environ trois cents ouvriers estropiés ou mutilés n'ayant pu obtenir ni rentes d'accidents, ni allocations.

La France, en cette matière, se trouve au second rang. Les pays scandinaves tiennent le premier. M. le docteur Bourrillon nous a fait connaître, après les avoir visitées, en 1903, les institutions de la Scandinavie. C'est le pays par excellence de la rééducation professionnelle. Les formes les plus diverses de l'assistance y atteignent presque à la perfection, et le principe de toutes est que l'hospitalisé doit concourir par son travail au fonctionnement de l'œuvre qui lui vient en aide. Aussi n'y voit-on aucun mendiant dans les rues, pas même le jour de la Saint-Jean..., et cela sans doute parce qu'un homme de bien, le pasteur Hans Knudsen, eut la bonne idée de fonder à Copenhague, en 1872, une Société de secours aux estropiés et mutilés dont le succès fut si grand, avec sa clinique, ses ateliers, son « Hiem » ou foyer familial, son école primaire, et son organisation admirable en tous points, qu'elle a eu vite des imitations à Gottembourg, à Hälsinborg, à Stockholm, à Christiana, etc...

L'Allemagne a aussi ses établissements de rééducation dont le premier, celui que fonda von Kunz à Munich, date de 1832 et donne plus de quatre-vingt-dix pour cent de réadaptations complètes, et dont les autres fonctionnent sur le même modèle, avec le concours de la puissante ligue *Krüppelfürsorge*, à Nowawes, Hanovre, Altona, Kœnisberg, etc. L'Angleterre, de même, à Londres, Edimbourg, Glasgow; également les États-Unis à Philadelphie, New-York, et dans les États de Minesota et de Massachusetts.

L'atelier-école de Petrograd, organisé en 1897 à l'hôpital Maximilien par M. Tcharnomskaia, où plus de sept cents estropiés apprennent la mécanique, la cordonnerie, la prothèse et l'orthopédie, représente l'effort très intéressant, mais d'ailleurs privé, de la Russie. Celui de la Belgique est plus intéressant encore avec sa fameuse école de Charleroi et son Institut de Brabant, où des spécialistes comme le Dr Dam avaient obtenu, avant la guerre, des résultats splendides.

Le Dr Jeanbreau, professeur à la faculté de Montpellier, avait été émerveillé de ce qu'il avait vu chez nos voisins au cours de la mission dont il avait été chargé par le ministère du Travail. Il faut citer la leçon qu'il tire de son voyage : « Aujourd'hui tous les blessés du travail passent devant les magistrats pour le règlement de l'indemnité prévu par la loi de 1898. Il est donc facile de les recenser et de les retrouver. Ce serait une œuvre de charité et d'assistance en même temps que de relèvement moral que d'entreprendre dans les grandes villes industrielles de France la fondation d'ateliers-écoles pour les invalides... ».

La conclusion que M. Bourrillon donne à son rapport et qui peut s'appliquer à la plupart des institutions dont nous venons de parler, complète la leçon : « Les résultats immédiats de cette assistance sont de permettre à l'individu de gagner complètement sa vie dans plus de la moitié des cas.... Les résultats moins apparents et cependant bien réels sont la diminution considérable des admissions de mutilés dans les hôpitaux d'incurables, et la suppression des mendiants estropiés ».

Si l'on obtient cela avec des organisations qui n'attirent nécessairement que les infirmes les plus gravement atteints, que ne peut-on espérer de l'application des méthodes les plus diverses et les plus perfectionnées à l'énorme masse des blessés et mutilés qu'aura faits la guerre, et dans laquelle il est tout de même consolant de pouvoir constater dès maintenant que la plus grande proportion sera celle des infirmes facilement rééducables? L'effroyable catastrophe qui bouleverse le monde, en posant le problème de l'assistance sous une forme et avec une ampleur et une acuité que l'histoire n'avait encore jamais connues, a fait surgir par là même les conditions les plus favorables à sa solution rationnelle et rapide : la réadaptation au travail.

Vingt mois de guerre ont permis à l'idée première de faire son chemin. C'est à peine si l'on peut retrouver aujourd'hui les pousses primitives sous l'abondante floraison des initiatives de toutes sortes. Cependant les écoles de Lyon, en demeurant encore des modèles, rappellent que leur fondateur fut le promoteur du mouvement et que le nom de M. Édouard Herriot doit rester attaché à la diffusion, dans notre France routinière devenue subitement réalisatrice, de la rééducation professionnelle.

Diffusion disparate, certainement. Chaque initiative est restée personnelle : ici c'est l'atelier patronal qui a servi de base à une organisation; là c'est le cours professionnel; plus loin, c'est l'école technique. Ce qu'a fait la ville de Lyon ne ressemble pas à ce qu'a tenté la Fédération française des mutilés. Ce qu'a réalisé le ministère du Commerce diffère de ce qu'a essayé le ministère de l'Intérieur. Il y a un abîme entre les créations somptuaires de Bordeaux ou de Saint-Maurice et les adaptations économiques et pratiques de Cluses ou de Fayl-Billot. Mais, de quelque façon que ce soit, sur quelque initiative que ce soit, on s'est mis depuis des mois à faire des tailleurs, des cordonniers, des vanniers, des tisseurs, des horlogers, des dessinateurs, des comptables, des employés de commerce, des ouvriers d'art, même avec des boiteux, des manchots, des amputés, des estropiés, et c'est là l'essentiel; — car c'est la preuve qu'en cette affaire nous ne nous arrêterons pas, comme en tant d'autres, aux spéculations stériles de doctrines, la preuve que déjà nous agissons et que par conséquent nous réaliserons.

Tout facilite l'accomplissement de cette tâche. Les progrès de la science en général et de la médecine, de la chirurgie, de la prothèse et de l'orthopédie en particulier; les suggestions si intéressantes de l'expérience en fait d'éducation professionnelle; l'enseignement précieux des tentatives les plus hardies faites à la veille de la guerre, et même depuis lors, dans le domaine de la solidarité sociale et de l'assistance, sont de nature à aider puissamment à l'œuvre que tant de bons esprits poursuivent avec une si généreuse ardeur.

Le souci du chirurgien de conserver le plus possible du membre atteint et de sa souplesse est heureusement complété par l'action de la physiothérapie, de l'électrothérapie, de la manothérapie, de la mécanothérapie, qui fait des miracles et prépare ainsi les miracles qu'obtiendra le contremaître spécialiste dans l'apprentissage spécial de l'invalide.

Il ne peut s'agir, d'ailleurs, de miracle que parce qu'on ne soupçonne pas dans le grand public ce que l'on peut obtenir d'un mutilé avec de la méthode et de la patience. Il suffit de bien peu de chose souvent pour qu'un amputé de la jambe ou du bras produise à peu près ce que produit un valide : la disposition d'un outil modifiée, une pièce de machine changée de place, une pédale substituée à une manette, c'est souvent tout ce qu'il faut pour que l'adresse de l'invalide se révèle en peu de temps toute pareille et quelquefois supérieure à celle du travailleur ordinaire.

Pour qu'un tel apprentissage soit fructueux, il est bon seulement qu'il soit donné à l'école, ou tout au moins à l'atelier spécial qui n'est somme toute qu'une école rudimentaire. Ici l'apprentissage patronal ne vaut rien : il n'offre que des routines, alors que la rééducation demande des méthodes ; il vise à la satisfaction de l'intérêt de l'employeur, alors qu'on ne doit envisager que celui du mutilé ; il ne donne aucune garantie ni quant à l'instruction de l'apprenti ni quant à sa rémunération. La conception de l'école professionnelle, comme nous nous la sommes faite depuis dix ans surtout, répond au contraire admirablement à toutes les exigences d'une rééducation bien comprise.

L'école de blessés, telle paraît devoir être la formule de la rééducation. Il ne restera plus qu'à lui donner le couronnement d'une assistance aussi discrète qu'éclairée, pour replacer dans son cadre social ou presque, l'homme dont la société devra utiliser le travail.

Ce besoin social qu'il faut satisfaire se trouve lui-même être une cause de succès pour l'œuvre entreprise : une bonne part de la prospérité future du pays viendra de la renaissance de ses industries locales, de ces métiers qu'on n'exerçait plus avant la guerre, parce qu'un mouvement désordonné poussait vers l'usine et faisait délaisser les professions du foyer. Ce sont celles qui seront le plus faciles à enseigner à nos blessés, celles qu'ils demanderont le plus à apprendre, parce qu'elles leur permettront de rester dans leur famille, dans leur village, de rompre le moins possible avec le passé, de se garder le plus possible des incertitudes de l'avenir.

Tant d'éléments se présentent dont on peut faire si bon usage, qu'il serait déplorable de ne pas en tirer tout le parti possible en vue du plus rapide et du plus fructueux résultat. Si l'école de blessés doit être le dernier mot de la rééducation professionnelle, cela ne veut pas dire, sans doute, qu'il faille exclure toute autre formule. Quel que soit l'essai, d'où qu'en vienne l'initiative, par quelques moyens qu'il procède, s'il aboutit à quelque chose de tangible, de vivant, on doit l'encourager. Mais il ne faut point s'attarder à la période des essais : l'heure est venue de songer à l'organisation définitive.

Déjà nos amis belges, serbes et italiens nous ont précédé dans cette voie. A Naples, à Milan, à Rome, la rééducation professionnelle fonctionne. Mme Vesnitch a pris une initiative analogue en faveur des héroïques soldats serbes. L'hôpital anglo-belge de Rouen est une véritable usine de blessés en pleine production. L'école de Port-Vilez, près de Vernon, dans un domaine immense offert par le baron Baeyens, donne l'apprentissage de plus de quarante métiers à des centaines de soldats belges sous la direction du savant professeur Dam.

L'Allemagne, elle aussi, a abordé la solution du problème. Le professeur Schewiening a lancé, il y a un an, un appel pour la rééducation des mutilés, qui a été entendu. Une école spéciale de manchots a été créée à Heidelberg, une autre est ouverte à Berlin, des instituts pour les aveugles et les sourds ont été fondés en diverses villes. Bade a des cliniques de rééducation, le Wurtemberg fait le recensement des emplois à réserver aux blessés. Enfin l'Autriche pratique la rééducation par le travail, à l'hôpital militaire même et dans les dépôts de convalescents dont quelques-uns sont devenus de très grandes écoles-ateliers avec des milliers d'élèves.

Nous n'avons pas le droit de ne pas être à la tête de nos alliés, pas le droit surtout de nous laisser devancer par nos ennemis. C'est tout de suite qu'il faut, en même temps que se multiplient les créations les plus diverses, donner à la rééducation professionnelle cette organisation d'ensemble qui permettra d'en faire un grand service national apte à remplir le rôle considérable qui doit être le sien dans la renaissance prochaine; — tout de suite qu'il faut discipliner les efforts, coordonner les actions, construire non plus en ordre dispersé, mais suivant un plan rationnel susceptible de donner à la libre diversité des initiatives la seule unité qui soit à rechercher en une telle matière, celle du succès; — tout de suite enfin qu'il faut déterminer la part qui revient à la nation et celle que peut revendiquer l'initiative privée, celle que doivent prendre chacun des services de l'État, et celle qu'il faut laisser aux organes régionaux, locaux ou professionnels, non pas seulement dans l'organisation de la rééducation proprement dite, mais dans celle de l'assistance en énéral, — ou plutôt, pour employer un mot plus psychologiquement exact, — de la solidarité agissante de tous à l'égard des glorieuses victimes de la grande guerre.

Les événements nous pressent au surplus. Chaque jour qui passe accroît le nombre des blessés, diminue celui des travailleurs valides. Le loisir ne reste plus de constituer des dossiers, de discuter des systèmes. Il faut agir, et agir vite. Il faut, et dans le plus court délai, armer pour le travail des hommes qui attendent et qu'on ne peut laisser attendre, par milliers, ni à la caserne, ni dans l'oisiveté déprimante du foyer inanimé, ni surtout dans la dangereuse tentation du cabaret.

Il y a à refaire une France nouvelle, à réparer les formidables meurtrissures, les ruines lamentables que la barbarie, triomphante pendant quelques mois, a prodiguées. Une telle œuvre de résurrection ne souffre pas de délais : elle est en gestation dans le présent; elle ne nous attend pas pour s'accomplir; mais c'est de nous, de notre volonté réfléchie, de notre clairvoyance, de notre action méthodique en vue de solutions suffisamment neuves et hardies, qu'il dépend qu'elle soit ou non une grande œuvre, qu'elle fasse ou non oublier les désastres et les malheurs, qu'elle élargisse ou non la victoire.

# LES
# ÉCOLES DE BLESSÉS

## CHAPITRE PREMIER

### BLESSÉS ET BLESSURES

M. le professeur Pozzi, parlant de la chirurgie de la guerre [1], a pu dire que jamais l'art de détruire n'a été poussé plus loin que maintenant, mais que jamais non plus l'art de soulager et de guérir n'a fait autant de merveilles. L'extrême progrès de la science a mis, en effet, ce saisissant contraste dans le prodigieux spectacle de la plus grande lutte de l'histoire. A la brutalité monstrueuse de l'obus de 420, à l'effrayante précision des tirs d'artillerie à longue distance et des bombardements par avions, à la sauvagerie diabolique des jets de liquides enflammés et de gaz asphyxiants ou lacrymogènes, l'héroïsme des brancardiers et l'infinie charité des infirmières ont permis au chirurgien d'opposer victorieusement, dans un très grand nombre de cas, la rapidité d'une opération difficile, la sûreté d'une médication énergique, puis les ressources d'une prothèse aussi hardie que rationnelle. Ainsi l'œuvre de vie a disputé des milliers et des milliers de soldats à l'œuvre de mort

1. Conférences de la *Renaissance*, 23 avril 1915.

et tempéré, dans toute la mesure du possible, l'horreur de la science meurtrière par la bienfaisance de la science salvatrice.

Les conditions de la guerre moderne ont totalement changé la nature des pertes dans les batailles. L'énorme consommation des munitions, la perfection de plus en plus grande des armes à tir rapide ont comme conséquence une augmentation du nombre des tués par rapport à celui des blessés. La Croix-Rouge de Genève a cru pouvoir établir que pendant les onze premiers mois du conflit présent, les Allemands ont eu 1630000 morts et 1850000 blessés, les Autrichiens 1610000 morts et 1865000 blessés, les Turcs 110000 morts et 140000 blessés, les Anglais 180000 morts et 200000 blessés. Si ces chiffres sont exacts[1], ce sont là des proportions sinistres, telles qu'on n'en avait jamais observé, même d'approchantes, dans aucune guerre. Il n'y a pas de raison de croire que nos armées ou celles de nos autres alliés aient été plus favorisées. Il ne nous est pas permis de donner les chiffres qui les concernent. Mais nous savons, hélas! que le prix de la victoire, quand nous le connaîtrons, nous effraiera.

A cette proportion si grande de tués, s'oppose par contre une proportion très satisfaisante de blessés sauvés. Cela tient à ce que les blessures des armes actuelles sont généralement guérissables, si elles n'entraînent pas la mort presque immédiate. Le

1. M. Asquith a donné à la Chambre des Communes, pour les pertes anglaises jusqu'en janvier 1916, c'est-à-dire pour dix-sept mois de guerre, des chiffres un peu différents : 128 138 *tués* (à noter que la Croix-Rouge donne le chiffre des *morts* et non seulement des *tués*), 453 283 blessés, 68 046 disparus.

faible calibre des projectiles de nos fusils, la chaleur intense provoquée par la rapidité inouïe de leur trajectoire, font qu'ils n'occasionnent que des blessures peu graves s'ils ne rencontrent pas d'organes essentiels. Les balles de shrapnell, tombant en plongée à vitesse moindre, les éclats d'obus rendus pénétrants par le morcellement presque infini de l'enveloppe, sont plus dangereux en ce sens qu'ils n'ont pas le même pouvoir de cautérisation que la balle de fusil et que la plaie qu'ils provoquent est presque toujours génératrice de complications par infection des tissus avoisinants. Quant aux blessures par armes blanches, elles sont relativement peu nombreuses en raison même de la rareté des corps à corps dans une action militaire où les adversaires combattent le plus souvent à plusieurs centaines de mètres les uns des autres.

La gravité intrinsèque des blessures non immédiatement mortelles est encore atténuée très largement par les moyens nouveaux et puissants dont la médecine et la chirurgie disposent pour leur traitement.

Le pansement individuel, première garantie élémentaire d'antisepsie; l'opération immédiate, faite sur le front même, soit dans la plus proche ambulance, soit dans les formations chirurgicales automobiles organisées depuis les premiers mois des opérations; la multiplication des trains sanitaires et des transports rapides vers l'arrière en général; l'utilisation de plus en plus répandue de la radiographie et des procédés pratiques et immédiats de désinfection des plaies par les débridements et les antiseptiques; l'emploi presque généralisé des moyens d'hémostase et d'immobilisation des fractures, tout cela a permis de sauver bien des victimes dont la mort eût été certaine sans l'intervention de ces facteurs de guérison. On a pu de la sorte rendre à la vie un grand nombre de blessés, qui eussent été mortellement atteints si l'on s'en était tenu au dogme classique qui sévissait encore, à la veille de la guerre, dans le service de santé militaire, et d'après lequel aucun acte chirurgical d'aucune sorte ne pouvait se faire à l'avant, la seule préoccupation devant être de panser la blessure, d' « emballer » pour ainsi dire le membre et de remettre toute opération jusqu'à l'arrivée à l'ambulance de l'arrière ou même à l'hôpital de l'intérieur. La plupart des blessures de l'abdomen, de la poitrine, du crâne, beaucoup de plaies articulaires et d'écrasements de membres eussent ainsi provoqué l'issue fatale, qu'on a très bien pu guérir[1].

1. M. Justin Godart a décidé de constituer au Val-de-Grâce les Archives médico-chirurgicales de la guerre qui réuniront tous les documents, toutes les communications des médecins, pouvant témoigner de l'évolution de la médecine et de la chirurgie pendant cette guerre. Instructions, circulaires, statistiques, rapports de spécialistes, graphiques, diagrammes, clichés photographiques et radiographiques, modèles d'instruments, d'appareils de prothèse, pièces anatomiques, etc., attesteront les transformations survenues dans les méthodes thérapeutiques et opératoires depuis le début des hostilités. En consultant ces archives on verra combien de doctrines admises ont été complètement controuvées. La nécessité des opérations immédiates, le retour à l'antisepsie par la méthode Carrel (irrigation des tissus au moyen d'une solution légère pour ne pas entraver la régénération cellulaire), la généralisation de l'usage des sérums, la rénovation de la technique de certaines opérations jadis rares, l'action des agents physiques et mécaniques sur les troubles fonctionnels et sur les conséquences des traumatismes, bien d'autres choses encore seront ainsi mises en lumière pour le plus grand profit de la médecine de demain.

Combien sont-ils ceux que le talent du médecin et du chirurgien a ainsi arrachés au déchaînement de l'instinct de la destruction? Il n'est pas possible de le savoir encore exactement. On n'a publié sur ce point aucune statistique détaillée en aucun pays, et même les belligérants qui n'ont pas cru devoir cacher le chiffre global de leurs pertes n'ont pas donné de précision à ce sujet. Nous savons bien que nos ennemis, par exemple, ont eu près de quatre millions de blessés pendant la première année de la guerre, mais nous ignorons combien de ceux-ci, tant allemands qu'autrichiens ou turcs ont succombé à leurs blessures. Par contre, si la censure ne nous permet pas de dire quelles ont été les pertes totales de la Quadruple Entente pendant la même période, nous avons eu, au commencement de 1915, des statistiques de pourcentage, dressées par le Service de Santé militaire, qui peuvent au moins servir d'indication.

Il ressort de ces statistiques[1] que plus de la moitié de nos blessés — 54 p. 100 — se seraient trouvés en état de retourner au front après traitement généralement court. Des autres, 4 p. 100 seulement seraient décédés. Si ces données sont exactes, il ne resterait ainsi qu'un peu plus de 40 p. 100 de blessés grièvement atteints. Encore beaucoup ne sont-ils pas à proprement parler des invalides et pourront-ils reprendre, ou presque, leur vie normale.

1. Elles ont été récemment confirmées (mars 1916) par une statistique faite à Bordeaux pour l'année 1915. Sur 64 385 blessés, 38 902 ont pu rejoindre directement leur corps, soit 60 p. 100, 15,45 p. 100 ont été réformés temporairement, et 6,50 p. 100 définitivement.

La proportion n'est pas énorme par rapport à l'ensemble des blessés. Elle l'est moins encore par rapport à l'ensemble des effectifs engagés. Mais le chiffre considérable de ceux-ci — tel que l'histoire n'en a jamais enregistré de comparable, même de très loin, — rend forcément sensible en soi le nombre de ceux auxquels la nation doit une réparation, de quelque nature qu'elle soit.

Parmi ces blessés, il y a lieu de distinguer plusieurs catégories. D'abord en ce qui concerne la nature de la blessure : les uns ont perdu, par amputation ou ablation, un membre ou une partie de membre, les autres ont été privés seulement de l'usage normal d'un membre ou d'un organe par suite du trouble occasionné par une blessure ou une maladie dans le fonctionnement régulier de ceux-ci. Les premiers sont des *mutilés*, les autres des *estropiés*.

Ensuite, en ce qui touche la gravité de la blessure, M. le Dr Borne qui a étudié le problème de la réadaptation des blessés militaires au travail, du point de vue médical[1], propose la division des invalides en trois catégories : blessés améliorables par des soins immédiats consécutifs ; infirmes définitifs rééducables et réadaptables au travail ; invalides graves, infirmes sans recours.

La première catégorie comprend les hommes frappés d'impotences fonctionnelles temporaires ou partielles. Si l'on soigne ces blessés immédiatement, au lieu de les envoyer en congé de convalescence sans

1. *Revue d'hygiène et de police sanitaire*, janvier, février, avril 1915.

plus s'occuper d'eux comme il arrivait trop souvent, on a toutes les chances, sinon de les guérir, du moins d'obtenir une diminution souvent considérable de leur impotence, laquelle, sans cela, fût devenue chronique, et peu à peu incurable. A cette tâche les médecins militaires se sont de plus en plus attachés, et, aujourd'hui, dans chaque région militaire, il existe des établissements spéciaux où l'on soigne ces cas par les diverses méthodes de physiothérapie et de mécanothérapie dont nous verrons plus loin le développement. Un traitement rationnel et immédiat réduit facilement l'incapacité de travail et permet souvent le retour à la vie normale en un temps relativement restreint. Il améliore en tous cas suffisamment le sujet pour le faire rentrer dans la seconde catégorie, celle des blessés rééducables.

Cette seconde catégorie comprend les blessés et mutilés dont la mutilation ou la blessure sont suffisamment consolidées pour qu'on puisse considérer leur état comme définitif : c'est elle qui fournira leur clientèle aux écoles de blessés, car elle comprend les amputés, les borgnes, les aveugles, les sourds. Et l'on sait déjà que la présente guerre aura fait surtout, au début, des amputés des jambes, et, depuis la lutte de tranchées, des amputés des bras et des borgnes ou aveugles.

Les blessés de la troisième catégorie, les invalides complets ou presque, ne pourront être qu'hospitalisés et déjà l'on envisage pour eux l'organisation d'un placement familial, projet dont l'Académie de médecine est saisie par deux spécialistes, les docteurs Rodiet et Fillassier. On frémit en songeant à ces débris d'hommes, obligés de payer si chèrement d'une vie désormais lamentable, la dure rançon de la gloire. On ne pourrait supporter l'idée qu'ils fussent par surcroît dans le besoin. L'assistance totale leur est due, et le plus largement possible. Aussi n'entrent-ils pas dans le cadre de cette étude au cours de laquelle nous ne nous occuperons que des deux premières catégories.

Ces diverses sortes de blessés ne sont pas représentées dans la réalité par des effectifs égaux. Les blessés de la première sont heureusement beaucoup plus nombreux que ceux de la seconde, et ceux de la troisième infiniment plus rares que leurs camarades de chacune des deux autres. M. le Dr Bourrillon estime qu'il n'y a pas plus de 10 p. 100 de mutilés contre 90 p. 100 d'estropiés. Pour M. le Dr Mosny, 80 p. 100 des blessés seraient susceptibles de rééducation. Enfin M. Amar croit pouvoir conclure de ses études sur le travail professionnel et sur les blessés, que 45 p. 100 de ceux-ci sont complètement rééducables, surtout si l'on arrive à faire reprendre leur ancienne profession à 10 p. 100 d'entre eux. Parmi les autres, 20 p. 100 seraient réadaptables au travail, partiellement, et 15 p. 100 ne pourraient trouver à s'utiliser que dans des ateliers spécialement organisés pour eux. Il ne resterait que 20 p. 100 d'invalides devant être assistés.

Tous ces chiffres n'ont qu'une valeur relative. Il n'y a cependant pas de très grandes discordances entre eux et dans l'ensemble ils permettent de considérer que nos blessés et mutilés, pour la plupart, trouveront avantage à leur rééducation professionnelle.

## CHAPITRE II

## RÉCOMPENSES ET PENSIONS

Dans un pays comme le nôtre où l'esprit d'égalité est si fortement ancré chez tous, que non seulement il ne craint pas, mais que même il recherche les distinctions les plus diverses, pourvu qu'elles s'attachent, au moins en apparence, au mérite personnel, il est tout naturel que la reconnaissance de la nation pour ses défenseurs se manifeste d'abord par une décoration. Hochets ! dira-t-on. Sans doute. Mais si tout ici-bas n'est que vanité, et si le progrès humain lui-même n'est mû que par le désir des hochets de toutes valeurs, il ne saurait y avoir de vanité plus légitime que celle du héros qui, en échange du morceau de vie dont il a fait le sacrifice au salut de la patrie, avant même qu'on lui puisse parler d'avenir et de rééducation professionnelle, désire le ruban ou la médaille ou la croix, auxquels il donne toute l'importance d'un témoignage public de son civisme et de son courage.

Dès le début de la guerre, l'usage des citations à l'ordre du jour s'est développé en proportion même de l'héroïsme de nos troupes. La loi du 8 avril 1915 a créé, comme attribut des citations à l'ordre de l'armée, de la division, de la brigade et du régiment, la *Croix de guerre* que portent glorieusement tant de soldats et qui a été l'objet de tels abus qu'on a dû songer à la réserver aux seuls actes de bravoure, c'est-à-dire aux « faits de guerre au cours desquels le titulaire de la citation aura exposé sa vie »[1], à l'exclusion des autres services rendus en dehors de tout danger.

Du fait même qu'elle est un attribut de la citation, la croix de guerre n'est pas la distinction de droit de tous les blessés. Aussi a-t-on songé, aussitôt après sa création, à instituer un insigne spécial pour tous les blessés sans exception [2]. Il était de toute nécessité en effet de permettre aux réformés rentrés dans la vie civile de porter un signe particulier rappelant l'origine de leur réforme. C'est à ce besoin qu'entend répondre le projet de loi déposé par le gouvernement, le 23 septembre 1915, « tendant à instituer une médaille dite *Médaille commémorative de la campagne contre l'Allemagne* », qui serait « attribuée, aussitôt après leur radiation des contrôles, à tous les militaires ou marins retraités ou réformés au cours de la campagne actuelle pour blessures provenant d'événements de guerre ou d'accidents éprouvés dans un service commandé ou pour infirmités graves et incurables, reconnues provenir des fatigues ou dangers du service militaire » et « après la cessation des hostilités, à tous les officiers et soldats des armées de terre et de mer présents sous les drapeaux

1. Proposition Maginot, Bonnefous, Driant, Paté, Anglès, etc. Ch. des D., 1915, n° 1 564.
2. Proposition Girod, Ch. des D., 1915, n° 1 111.

au cours de la campagne », le ruban de la médaille devant porter un signe distinctif apparent lorsqu'elle sera attribuée aux retraités ou réformés n° 1[1].

Cela n'a pas paru suffisant pour les blessés particulièrement éprouvés. L'aveugle, l'amputé d'un bras ou d'une jambe, notamment, méritent mieux qu'un ruban purement « commémoratif ». C'est ce qu'a pensé mon ami Connevot, député, en proposant de décerner la Médaille militaire ou la Légion d'honneur aux blessés de cette catégorie. Sa proposition[2] est toujours à la commission de l'armée. Mais le ministre de la Guerre a fait connaître par voie de réponse à une question écrite que d'ores et déjà, d'accord avec le général en chef, il accorderait la Médaille militaire, laquelle emporte avec elle, on le sait, une allocation annuelle de 100 francs, à tous les mutilés, amputés ou aveugles. Les gradés dans le même cas reçoivent généralement la Légion d'honneur.

Les décorations, au surplus, ne sont pas les seules récompenses que peuvent espérer les blessés. L'État, les départements, les villes, disposent d'un certain nombre d'emplois, dont on peut sans inconvénient leur réserver le bénéfice. Il ne s'agit pas bien entendu des emplois purement administratifs d'une certaine importance qui demandent des titulaires spécialement préparés et qui conviendraient tout au plus à des

1. Ch. des D., 1915, n° 1 270. — En attendant que le projet soit discuté, M. Justin Godart vient de décider (juin 1916) que tous les blessés et réformés pourront porter sur leurs vêtements civils un brassard agrémenté d'un chevron rouge.

2. Ch. des D., 1915, n° 1 043.

blessés possédant une certaine culture, sélectionnés par un sérieux examen préalable. Mais avec une instruction élémentaire passable, n'importe qui peut être receveur buraliste, facteur des postes, employé aux écritures dans une mairie, une sous-préfecture, une gare, une administration quelconque. J'entends beaucoup dire qu'il ne faut pas faire de fonctionnaires. On a raison. Mais on ne diminuera les fonctionnaires que le jour où l'on diminuera les fonctions. Tant qu'il y aura des places, il faudra des hommes pour les tenir. Qu'on y mette de préférence les mutilés, cela fera autant de jeunes hommes valides qu'on obligera par là même à se tourner vers le commerce, l'agriculture et l'industrie. Ne commettons pas ici l'erreur qui nous est si commune : ne nous payons ni de mots, ni de formules; voyons juste et agissons logiquement; n'hésitons pas à placer, toutes les fois que cela se pourra, aux postes qui demandent le moins d'activité physique, les hommes qui sont physiquement le moins capables d'action.

Et d'abord, par une sage revision de la loi de 1905, appelons le plus possible de mutilés là où nous avions installé en privilégiés les rengagés. L'expérience du fonctionnaire sorti de la paresse de la caserne est concluante. Si peu de travail qu'il fournisse, le mutilé en donnera bien autant que l'ancien sous-officier « culotteur de pipes ». C'est ce qu'a compris le gouvernement. A la suite d'une proposition de loi de M. Henri Labroue, il a déposé et fait voter par la Chambre, le 19 novembre 1915, un projet de loi que le Sénat a légèrement modifié dans sa séance du 16 mars 1916 et qui est devenu la loi du 17 avril 1916. Cette loi a pour but tout en sauvegardant les droits des anciens sous-officiers déjà titulaires d'un emploi civil et eux-mêmes victimes de la guerre, de réserver pendant cinq ans, après les hostilités, un droit de préférence aux blessés, même s'ils avaient dépassé la limite d'âge réglementaire au moment de la mobilisation et quels que soient leur grade et la durée de leurs services, pour l'obtention de tous les emplois prévus aux tableaux E, F, et G, annexés à la loi du 21 mars 1905, à la seule condition que ces emplois ne nécessitent pas absolument l'intégrité des forces physiques. Ce même droit de préférence leur est acquis pour concourir en vue de l'obtention des emplois non réservés, du même ordre que les précédents. Enfin les entrepreneurs qui traiteront avec l'État, les départements et les communes devront accorder un certain nombre de places aux blessés de la guerre [1].

En rapportant le projet devant la Haute Assemblée, M. Paul Strauss en a indiqué l'importance par des chiffres: « D'après l'enquête à laquelle nous avons procédé, sur les vacances d'emplois signalées pour 1914, le tableau E perdrait, sur 2 408 emplois, 27 présumés inaccessibles aux mutilés; sur 1 379 vacances, le tableau F serait privé de 164 emplois. Au tableau G, qui comprend 6 755 emplois réservés, le retranchement, portant principalement sur les préposés des douanes, sur les gardiens de la paix parisiens, les gardes domaniaux, les gardes communaux, etc., s'élèverait à 1 563. En totalisant ces chiffres, les

1. Voir aux *Annexes* (IV-II) le texte de la loi.

tableaux E, F, G offriraient annuellement une ressource éventuelle de 8 878 emplois ainsi réservés sur 10 632 vacances signalées. Plus de 40 000 emplois pourront être attribués pendant le délai de cinq ans prévu par la loi. »

Les députés des colonies ont proposé comme corollaire d'attribuer de même tous les emplois des administrations coloniales aux soldats indigènes blessés, capables de les remplir [1]. Et ce ne serait qu'un juste tribut payé à l'admirable dévouement des troupes de couleur.

Les administrations publiques n'ont pas attendu l'intervention législative. Le général Gallieni a appelé des officiers et des sous-officiers à remplir des emplois de commis ou d'expéditionnaires dans les bureaux de la Guerre. L'administration des postes a fait établir par une commission spéciale les conditions dans lesquelles elle pourra accueillir certaines catégories d'invalides : 10 p. 100 des emplois de facteurs suburbains, locaux ou ruraux seront notamment réservés aux mutilés d'un bras. La direction générale des contributions indirectes attribue 300 places aux blessés aptes à son service. Celle des contributions directes institue pour eux un concours spécial en vue du surnumérariat. Enfin le Conseil Municipal de Paris est saisi d'une proposition de MM. Lemarchand, Galli et Virot, tendant à distribuer aux mutilés ou à leurs femmes, ainsi qu'aux veuves de militaires tués à l'ennemi, les emplois municipaux qu'ils pourraient utilement remplir, et en particulier un certain

1. Ch. des D., 1915, n° 1 057.

nombre de concessions de gérances de kiosques à journaux, à fleurs, à confiserie ou à liqueurs, ou de water-closets; d'emplois de gardiens de squares ou de stations de voitures de place, de postes de concierges d'immeubles municipaux, etc. [1].

Une catégorie d'emplois ou de bénéfices paraît devoir fournir plus particulièrement des récompenses à la fois aux mutilés et aux veuves. Ce sont les recettes buralistes et les bureaux de tabac. Dès la fin de 1914, l'initiative de mon ami Connevot a amené le ministre des Finances à réglementer, par les décrets du 16 janvier 1915, la désignation des titulaires de ces postes. La Chambre a été saisie depuis lors de diverses propositions de loi qui ont décidé la Commission d'Assurance et de Prévoyance sociale à lui présenter un texte précisant de façon très heureuse les conditions dans lesquelles recettes buralistes et bureaux de tabacs doivent être répartis entre les victimes diverses de la guerre.

Aux termes de ce texte, pendant une période de cinq ans à dater de la fin des hostilités, les recettes de 1re et de 2e classes sont réservées : 1° aux réformés n° 1 ; 2° aux veuves ou filles de receveurs morts à l'ennemi lorsqu'elles ont géré la recette en l'absence de leurs maris ou pères; 3° aux civils blessés ou qui se sont distingués pendant la guerre. Les bureaux de tabac de toutes classes sont, de même, réservés aux veuves ou orphelins des militaires ou civils morts

1. Les grandes administrations privées ont suivi l'exemple de l'État : certains grands magasins notamment ont ouvert leurs emplois aux mutilés. D'autre part la Ligue des petits propriétaires leur réserve la presque totalité des loges de concierges dont elle dispose.

pour la France, jusqu'à concurrence des trois quarts. Les commissions de classement devront tenir compte des charges de famille pour les attributions [1].

La formidable dette de la nation vis-à-vis de ses défenseurs ne peut être payée avec les seules récompenses dont nous venons de parler. Une obligation plus impérieuse pour la collectivité est celle de compenser dans une certaine mesure les pertes dont son salut a été la cause : la pension est un droit pour tous ceux qui ont perdu ou leur soutien ou une part d'eux-mêmes au service du pays. Après l'évolution de notre conception de la prévoyance sociale, la pension a aujourd'hui une importance plus grande que jamais. Or nous sommes toujours régis, en cette matière, par les vieilles lois de 1831 qui n'ont subi aucune modification sérieuse, si ce n'est dans leurs tarifs, et qui sont si notoirement insuffisantes que dès le début de la guerre on s'est préoccupé de les refondre.

« Jusqu'ici, lit-on dans l'exposé des motifs du projet déposé par le gouvernement, comme conclusion des travaux d'une importante commission interministérielle, jusqu'ici les pensions militaires présentaient exclusivement le caractère d'une récompense nationale : nous vous proposons de faire intervenir, comme second élément de calcul, la notion du dommage causé par la mort ou les blessures, en appréciant ce dommage dans la forme et dans la mesure

1. Ch. des D., 1915, n° 1 868. (Voir aux *Annexes*, IV-III). Sur cette même question, mon ami Queuille, député de la Corrèze, a proposé un amendement également signé de MM. Laurent Eynac et William Bertrand, tendant à faire attribuer aux bénéficiaires du projet, non pas les bureaux de tabacs eux-mêmes, mais *le produit de la mise en adjudication* de ceux-ci. Ch. des D., 1915, n° 1 868.

compatibles avec le caractère général du risque de guerre. Nous nous sommes ici largement inspirés de la loi du 9 avril 1898 sur les accidents du travail[1]. »

Ce projet, qui représente un minimum par rapport aux propositions d'initiative parlementaire qui l'avaient précédé[2], sera très probablement, dans ses grandes lignes, la législation de demain. Il n'est pas téméraire de croire, en effet, qu'il remplacera les dispositions de 1831, et nos blessés y trouveront une satisfaction bien légitime.

Le régime actuel n'admet le droit à pension que si la blessure ou la maladie est imputable au service, c'est-à-dire provient d'événements de guerre, d'accidents éprouvés en service commandé, ou si elle a été causée par les fatigues ou dangers du service militaire. La pension n'est due que si ces blessures, infirmités ou maladies sont incurables et présentent un certain degré de gravité, c'est-à-dire entraînent une incapacité partielle supérieure à la diminution de 60 p. 100 de la validité. Enfin il faut : s'il s'agit d'un homme de troupe, que l'infirmité rende impossible son maintien au service et de plus l'empêche de subvenir à sa subsistance; s'il s'agit d'un officier, qu'elle le mette dans l'impossibilité de rester en activité ou d'y rentrer plus tard.

Pour la détermination de cette incapacité, les blessures sont rapportées par équivalence à quatre types, dont la définition a été demandée à une classification

1. Ch. des D., n° 1 410. (Voir aux *Annexes* IV-1.)

2. Propositions Connevot, Puech, Driant, Jobert, Vaillant, Bonazet, Goude, etc. Ch. des D., 1915 : n°s 596, 514, 651, 585, 536, 741, 894.

sans valeur légale, fréquemment modifiée[1], qui ne donne aucune garantie, et qui ne correspond en rien aux données actuelles de la science ni aux conceptions présentes de l'assistance et de la prévoyance sociales. Cette classification est la suivante :

1° Cécité complète ou amputation de deux membres.

2° Amputation d'un membre ou perte absolue de l'usage de deux membres ou infirmités équivalentes (gâtisme, hémiplégie complète, abolition grave des fonctions cérébrales, démence, abolition de la parole, etc.).

3° Perte absolue de l'usage d'un membre ou blessure ou infirmité équivalente (tuberculose, ankylose des articulations, perte de la vision d'un côté, surdité complète, ablation de trois doigts, etc.).

4° Surdité d'un côté, déviation d'un membre, ablation de certains doigts, ankylose de certaines articulations, etc.[2].

« Ce système, lit-on dans l'exposé des motifs du projet du gouvernement sur les pensions, aurait été depuis longtemps reconnu comme manifestement insuffisant s'il n'avait été complété et tempéré par des mesures purement réglementaires, prises par les divers gouvernements en dehors de toute intervention législative, sauf en ce qui concerne le vote des crédits, et destinés à subvenir à la situation des militaires

1. Elle va l'être encore nécessairement; un arrêté du ministre de la Guerre en date du 29 avril 1916 vient en effet de créer une nouvelle commission composée de parlementaires, de médecins et de fonctionnaires avec mission de « reviser le guide-barème des pensions et gratifications pour blessures et infirmités ».

2. Voici le tarif des pensions correspondant à ces quatre caté-

devenus malades ou infirmes par suite de leur service et rayés des contrôles sans remplir les conditions requises par la loi pour l'ouverture du droit à pension : c'est ce qu'on appelle le système des gratifications renouvelables, applicable à tous les non-officiers. »

La réglementation des gratifications renouvelables, qui remonte à une circulaire du ministre de la Guerre du 3 août 1853, a été souvent modifiée et la dernière de ces modifications a été faite en pleine guerre, par le décret du 24 mars 1915 actuellement en vigueur. Ce décret a créé *huit* échelons de grati-

gories qui forment *six classes* : 1re catégorie (1re et 2e classes); 2e catégorie (3e et 4e classes); 3e catégorie (5e classe) et 4e catégorie (6e classe) :

| GRADES | 4e CATÉGORIE | 3e CATÉGORIE | 2e CATÉGORIE | 1re CATÉGORIE |
|---|---|---|---|---|
| | Francs. | Francs. | Francs. | Francs. |
| | | Même taux que la précédente mais augmenté pour chaque année de service d'une majoration de | | |
| Soldat | 600 | 7 50 | 750 | 975 |
| Caporal ou brigadier | 700 | 10 | 900 | 1 170 |
| Sergent | 800 | 15 | 1 100 | 1 430 |
| Sergent-major | 900 | 15 | 1 200 | 1 560 |
| Aspirant | [illegible] | 15 | 1 250 | 1 625 |
| Adjudant | 1 000 | 15 | 1 300 | 1 690 |
| Adjudant-chef | 1 100 | 15 | 1 400 | 1 820 |
| Sous-lieutenant, 1er échelon | 1 500 | 40 | 2 300 | 2 990 |
| — 2e — | 1 800 | 50 | 2 800 | 3 640 |
| Lieutenant, 1er échelon | 1 850 | 50 | 2 850 | 3 705 |
| — 2e — | 2 000 | 50 | 3 000 | 3 900 |
| — 3e — | 2 150 | 50 | 3 150 | 4 095 |
| — 4e — | 2 300 | 50 | 3 300 | 4 290 |
| Capitaine, 1er échelon | 2 300 | 50 | 3 300 | 4 290 |
| — 2e — | 2 500 | 50 | 3 500 | 4 550 |
| — 3e — | 2 700 | 50 | 3 700 | 4 810 |
| — 4e — | 2 900 | 50 | 3 900 | 5 070 |
| Chef de bataillon | 3 000 | 50 | 4 000 | 5 200 |
| Lieutenant-colonel | 3 700 | 65 | 5 000 | 6 500 |
| Colonel | 4 500 | 75 | 6 000 | 7 800 |
| Général de brigade | 6 000 | 100 | 8 000 | 9 600 |
| Général de division | 7 000 | 175 | 10 500 | 12 600 |

fications correspondant à huit catégories de blessures ou infirmités[1].

La gratification est concédée pour deux ans et renouvelable. Celles des trois premières catégories qui correspondent à une diminution de 100 p. 100, 80 p. 100, 60 p. 100 de la validité sont converties en pension si la blessure est reconnue incurable dans un délai de cinq ans. Celles des cinq dernières catégories, correspondant à une diminution de validité de 50 p. 100, 40 p. 100, 30 p. 100, 20 p. 100, et 10 p. 100 peuvent, à toute époque, être converties en gratifications permanentes en cas d'incurabilité, ou en pensions en cas d'aggravation.

La gratification n'est pas un droit, à la différence de la pension. Elle ne donne lieu à aucun recours contentieux. Enfin elle n'est liée qu'à la réforme n° 1 et non à la réforme n° 2, lesquelles, contrairement à ce que l'on croit généralement, ne se différencient pas par la gravité de l'infirmité, mais seulement par

1. Le tarif de ces gratifications est le suivant :

| GRADES | 1re CATÉGORIE | 2e CATÉGORIE | 3e CATÉGORIE | 4e CATÉGORIE | 5e CATÉGORIE | 6e CATÉGORIE | 7e CATÉGORIE | 8e CATÉGORIE |
|---|---|---|---|---|---|---|---|---|
| | Francs. | Francs. | Francs. | Francs. | Francs. | Francs. | Francs. | Francs. |
| Adjudant-chef. | 1 820 | 1 400 | 1 100 | 910 | 730 | 550 | 368 | 184 |
| Adjudant...... | 1 690 | 1 300 | 1 000 | 832 | 666 | 500 | 334 | 168 |
| Aspirant ...... | 1 625 | 1 250 | 950 | 791 | 633 | 475 | 318 | 159 |
| Sergent-major. | 1 560 | 1 200 | 900 | 750 | 600 | 450 | 300 | 150 |
| Sergent ....... | 1 430 | 1 100 | 800 | 666 | 533 | 400 | 268 | 134 |
| Caporal ....... | 1 170 | 900 | 700 | 582 | 466 | 350 | 234 | 118 |
| Soldat......... | 975 | 750 | 600 | 500 | 400 | 300 | 200 | 100 |

(Le taux des gratifications est différent pour les militaires des colonies et différent pour chaque colonie).

l'origine de la blessure, la réforme n° 1 s'appliquant aux infirmités causées ou aggravées par un fait de service et la réforme n° 2 à celles qui sont considérées comme ne provenant pas de ce fait.

C'est tout cela que change de fond en comble le projet du gouvernement.

D'abord il pose en principe que la pension n'est due que lorsque la blessure est devenue incurable. Jusque-là le militaire ne reçoit qu'une allocation renouvelable de deux ans en deux ans.

Le taux de la pension et de l'allocation est fixé d'après le degré réel de l'infirmité, les infirmités étant réparties en huit classes représentant respectivement la perte de 100 p. 100, 80 p. 100, 60 p. 100, 50 p. 100, 40 p. 100, 30 p. 100, 20 p. 100, 10 p. 100 de la validité de travail. On aperçoit tout de suite l'avantage de ce système : l'incapacité de travail est vraiment le seul critérium logique en matière de pension, celle-ci devant être la réparation du dommage subi. C'est d'autre part l'incapacité de travail qui constitue la mesure la plus souple pour apprécier tous les cas d'infirmité étant donné surtout qu'une même blessure peut-être plus ou moins grave suivant la profession du blessé, la perte d'une jambe par exemple étant autrement importante pour un maçon que pour un tailleur.

Les pensions ou allocations de la 1re classe sont égales au maximum de la pension d'ancienneté augmenté de 20 p. 100 pour les officiers et de 30 p. 100 pour les non-officiers. Celles de la 2e classe sont égales au maximum d'ancienneté. Le minimum de la pension d'ancienneté est alloué pour les pensions ou allocations de la 4e classe. Il est majoré du tiers de la différence entre le maximum et le minimum pour les pensions de la 3e classe. Les pensions ou allocations des quatre dernières classes sont égales aux 4/5, 3/5, 2/5 et 1/5 du minimum de la pension d'ancienneté.

S'il y a incapacité totale, nécessitant l'assistance d'une tierce personne, il est alloué, en sus de l'allocation ou de la pension, une majoration fixée uniformément à 225 francs.

La pension et l'allocation peuvent être augmentées de majorations pour chaque enfant légitime ou reconnu, né ou à naître, et jusqu'à l'âge de seize ans, égales à 100 francs pour la 1re classe, et à 80, 60, 50, 40, 30, 20 et 10 francs pour les 2e, 3e, 4e, 5e, 6e, 7e et 8e classes.

L'amélioration sera sensible, on le voit, avec la loi nouvelle. Encore ne parlons-nous pas des avantages faits aux veuves, aux orphelins et aux ascendants des disparus, lesquels n'entrent pas dans le cadre de cette étude[1].

Le projet du gouvernement n'a pas paru d'ailleurs suffisant à l'initiative parlementaire. Il laisse en dehors de ses dispositions les réformés n° 2. Cette lacune, deux propositions de lois tendent à la com-

1. Déjà le gouvernement a été mis dans l'obligation de créer un service nouveau des pensions devant le nombre sans cesse croissant de celles-ci. Encore n'évaluait-il dans son projet ce nombre qu'à un million environ alors que la commission du budget l'estimait devoir être supérieur à 1 800 000. (Rapport de M. Raoul Péret, Ch. des D., 1915, n° 1 670.) — Le service créé par la loi du 18 février 1916 fonctionne à la caserne de Panthémont, 37, rue de Bellechasse, où un bureau de renseignements est ouvert à tous les intéressés.

bler : la première, du groupe socialiste, par l'attribution de secours aux réformés et à leurs familles; la seconde, de M. Pierre Masse et plusieurs de ses collègues, par l'allocation d'un « secours fixe de 50 francs par mois aux sous-officiers, caporaux et soldats non hospitalisés et réformés n° 2 à titre définitif ou temporaire, qui auront été incorporés pendant soixante jours au moins et qui sont hors d'état de reprendre un travail normal en recevant les soins que nécessite leur état, ce secours étant accordé pour six mois et renouvelable de six en six mois [1] ».

Les Chambres prendront sans doute en considération ces dispositions généreuses comme elles ont déjà fait du projet du gouvernement sur les retraites des fonctionnaires, devenu la loi du 14 mars 1915, aux termes de laquelle « les fonctionnaires, employés et agents de l'État qui, accomplissant en temps de guerre un service militaire, sont atteints de blessures ou d'infirmités dans l'exécution de ce service, peuvent, en renonçant à se prévaloir de la législation sur les pensions militaires, réclamer le bénéfice de leur régime normal de retraites comme s'ils avaient reçu ces blessures ou contracté ces infirmités dans l'exercice de leurs fonctions civiles », ces blessures comme les décès devant être assimilées « pour le calcul des pensions à concéder par application de la loi du 9 juin 1853 en vertu des dispositions qui précèdent, aux blessures reçues ou au décès survenu au cours d'une lutte soutenue dans l'exercice des fonctions civiles ». Le vote rapide de cette loi qui avantage notablement

1. Ch. des D., 1915, n[os] 783 et 1 761.

les fonctionnaires mobilisés victimes de la guerre, fait pressentir que l'établissement du nouveau régime des pensions ne rencontrera pas de difficultés.

Il faut seulement souhaiter que ce régime ne tarde pas à sortir définitivement des délibérations du Parlement. Il faut souhaiter surtout que nos blessés ne se contentent pas de ces améliorations justifiées et recherchent par eux-mêmes le moyen d'avoir mieux encore que la vie assurée : la dignité par le travail.

Si la pension apporte le minimum de sécurité, c'est en effet le travail, seul, qui peut ajouter à ce minimum les avantages réels d'une existence aisée, qui peut permettre la fondation d'une famille, qui peut, en tous cas, procurer la pleine jouissance du foyer. Nos glorieux blessés ne s'y tromperont pas.

Ils s'y tromperont d'autant moins que l'absurde légende dont ils s'étaient à tort fait un épouvantail et qui portait en elle-même son absurdité, a été catégoriquement détruite par les déclarations d'ailleurs superflues mais très nettes de M. le sous-secrétaire d'État du service de santé.

Alors que la pension est, aux termes de la loi, un *droit*, un droit imprescriptible, garanti par la possibilité du recours contentieux devant le conseil d'État, il s'est trouvé des esprits assez peu avisés et des journaux même très sérieux, assez peu renseignés, pour émettre la crainte — purement imaginaire — que la pension pût être réduite, par la suite, dans le cas où le pensionné aurait réussi à se refaire une vie de travail grâce à la rééducation professionnelle. L'avis affiché dans tous les hôpitaux : « *La pension ne sera modifiée en aucun cas du fait que les bénéficiaires se soumettent à la rééducation* » n'a pas même suffi, bien qu'officiel, à empêcher ces mêmes esprits et ces mêmes journaux d'épiloguer longuement, d'une façon aussi plaisante que ridicule, sur « le geste qui ne serait ni beau ni digne de la France » sur la nécessité de ne pas « marchander les maigres secours que nous consentons à ceux qui se sont si pleinement sacrifiés » et d'entretenir par là les mutilés dans l'erreur déprimante et décourageante qu'ils affectaient de signaler pour la faire rectifier.

Toutes les rectifications de l'administration de la Guerre ont d'ailleurs été vaines devant une telle insistance. Il a fallu que M. Justin Godart prît lui-même la peine de couper les ailes à ce stupide canard, lors de l'assemblée générale de la Fédération des mutilés, le 14 juin dernier :

« Je saisis l'occasion, a dit le sous-secrétaire d'État, de faire ici une déclaration formelle pour détruire une mauvaise légende qui court parmi les mutilés. Certains craignent, en se remettant au labeur, et en gagnant un salaire, de perdre leurs droits à une pension ou d'en voir diminuer le montant. Ces craintes ne sont point fondées.

« C'est la blessure et ses conséquences qui fixent la pension et non la situation sociale du blessé. Pour la blessure identique, la même pension est due au riche et au pauvre. Et le pauvre peut devenir riche par son travail ou par un héritage, l'État continuera à lui payer sa pension, parce qu'elle est la dette sacrée, intangible, le prix du sang et de la souffrance. Les mutilés n'ont à redouter aucune répercussio sur leur pension du fait qu'il apprennent un métier et l'exerceront avec profit... »

Il ne peut plus y avoir de doute maintenant. Espérons que, si dure que soit la vie des légendes, celle-ci ne mettra plus le moindre obstacle au succès de la rééducation professionnelle.

## CHAPITRE III

### RÉÉDUCATION FONCTIONNELLE ET PROTHÈSE

En arrivant au poste de secours, à quelques centaines de mètres parfois de l'endroit où, bravement, allégrement, il est tombé en héros, il est bien rare, qu'intrépide et gouailleur au moment du danger, le blessé ne se retrouve pas déprimé, anéanti, effrayé du bruit de la bataille de laquelle il sort, comme si la balle avait brisé net la belle tension nerveuse qui l'enlevait de terre pendant l'attaque, — aussi fortement touché au moral qu'au physique, plus atteint peut-être encore dans sa vitalité que dans sa vie.

Les médecins militaires témoignent unanimement de cette transformation subite. Elle est plus ou moins forte, elle dure plus ou moins longtemps. Mais même lorsque l'homme se ressaisit, ce qui arrive le plus souvent, il subsiste à la fois en lui une diminution sensible de résistance physique et une dépression morale dont la double influence peut être fâcheuse si elle n'est pas immédiatement combattue. Le mutilé, surtout s'il est un mutilé grave, deviendra vite un maniaque de l'infirmité, un démoralisé, recherchant de préférence la compagnie de ses pareils, enclin à croire qu'il peut, qu'il doit vivre de son mal, — qu'il est en droit de se laisser aller au moindre effort, étant entretenu dans cette idée mauvaise par la sécurité médiocre mais paresseuse que lui donne la certitude de son allocation d'abord, de sa pension ensuite. Qu'il passe seulement quelques mois ainsi, et c'en est fait de lui. Il sera la loque humaine que l'inaction et le dégoût de soi-même traîneront peu à peu de cabarets en cabarets et qui ne sera d'aucune utilité pour la société, comme il n'aura lui-même aucune satisfaction d'un ordre un peu élevé.

C'est cela qu'il faut empêcher dès l'hôpital, alors même que le traitement de la blessure est encore en cours. Il faut faire comprendre au blessé qu'il n'a pas qu'à recevoir des soins, qu'à voir sa blessure ou son amputation consolidées, puis qu'à retourner chez lui vivre de sa pension. Il faut le prendre en tutelle morale, lui montrer qu'il est un homme, qu'il a, comme tel, le devoir étroit de faire l'impossible pour recouvrer le plus qu'il pourra de son activité, de sa capacité de travail. Il ne faut pas le laisser à l'inaction, mais l'amener à désirer lui-même, chaque jour davantage, l'exercice d'un travail si puéril, si minime soit-il; lui inculquer l'idée que la guérison ne doit pas être pour lui un but, mais un moyen, que tous les soins qu'il reçoit, toutes les améliorations physiques que le traitement lui procure, n'ont qu'un objet : lui permettre dans un temps très court soit de reprendre son ancienne profession, soit d'en apprendre une nouvelle.

L'influence du médecin peut être ici prépondérante, si elle s'exerce avec tact et avec autorité en même temps. La tâche sera difficile sans doute, car elle sera de tous les instants, devra prendre la forme d'une suggestion presque incessante et demandera autre chose que la besogne matérielle ou scientifique, comme un apostolat souvent ardu, sans autre récompense que celle de réussir. Mais elle deviendra de plus en plus facile à mesure que des résultats seront obtenus; car le blessé, une fois ouverte la voie des progrès, verra vite qu'on aide vraiment à sa guérison non seulement physique, mais morale, qu'on lui insuffle peu à peu une volonté nouvelle de vie, qu'on le prépare au retour au travail, c'est-à-dire à la complète résurrection.

Une telle rééducation morale est la première étape de la restitution du blessé à la vie normale. Elle favorisera singulièrement la rééducation fonctionnelle et la rééducation professionnelle qui devront la suivre immédiatement, suivant qu'il s'agira d'un amputé définitif ou d'un blessé améliorable.

La rééducation fonctionnelle n'est pas une méthode absolument nouvelle. Elle a été employée depuis longtemps pour l'achèvement de la guérison de certains blessés, notamment des victimes d'accidents du travail. Mais elle était peu développée avant la guerre et ne connaissait guère qu'un procédé : la mécanothérapie dont Lagrange a dit qu'elle était « l'art d'appliquer à la thérapeutique et à l'hygiène certaines machines destinées à provoquer des mouvements corporels méthodiques dont on a réglé à l'avance la forme, l'étendue, l'énergie ». La physiothérapie, c'est-à-dire l'emploi de l'électricité, de l'air chaud, des bains, des massages, et la manothérapie, mise en pratique dès le début de la guerre par M. le Dr Lachaud, député de la Corrèze, ont pris surtout leur importance depuis quinze mois. Ce sont tous ces moyens divers, employés en combinaison suivant des règles déterminées, qui ont permis à la rééducation fonctionnelle de devenir une science et un art à la fois et qui lui ont assuré la très grande place qu'elle tient aujourd'hui dans la médecine militaire.

Nombre de blessés qui sortent *guéris* de l'hôpital — plus de 20 p. 100 au début de la guerre — ne le sont pas complètement. Il peut arriver, sans même qu'il y ait perte de substance, qu'une balle ou un éclat d'obus, voire même un coup d'arme blanche, ait gravement atteint un nerf et ainsi aboli ou diminué les mouvements d'un membre; qu'une lésion ait entraîné l'atrophie d'un muscle ou d'un groupe de muscles, la rétraction d'un tendon, l'ankylose à l'un quelconque de ses degrés, une cicatrice adhérente, une arthrite ou une périarthrite post-traumatique, certaines complications enfin dont la gravité n'apparaîtra que si rien n'entrave leur évolution. C'est ici qu'interviendra efficacement la rééducation fonctionnelle, laquelle rendra sa souplesse au membre, le restituera à sa fonction naturelle, soit partiellement, soit complètement.

Pendant les premiers mois des hostilités, le service de Santé militaire, sur ce point comme sur trop d'autres, s'est trouvé pris au dépourvu. Il n'avait rien de ce qu'il fallait pour remplir le rôle nouveau qui lui incombait. La mécanothérapie notamment demande des appareils spéciaux, appareils de Zander, appareils de Heitz, etc., qu'on ne put se procurer que par la réquisition ou grâce à des dons, et en très petit nombre. A grand'peine on installa cependant quelques centres, à Paris, à Rennes, à Marseille, à Vichy, puis dans quelques autres grandes villes. Aujourd'hui il y a un centre de mécanothérapie, un centre de physiothérapie et un centre d'orthopédie dans chaque région militaire[1]. Mais il a fallu de nombreux efforts pour en arriver là, et ce n'est qu'au bout de plusieurs mois notamment qu'on réussit à organiser au Grand-Palais le service modèle qui y fonctionne normalement aujourd'hui.

Là, toutes les méthodes thérapeutiques sont réunies : Mécanothérapie, Massothérapie, Thermothérapie, Électrothérapie, Hydrothérapie, Kinésithérapie, disent les pancartes des diverses salles. Sur

1. Des statistiques nouvelles permettent de se rendre exactement compte aujourd'hui des succès de cette méthode. Dans un centre important de rééducation physique, le nombre de blessés sortis après traitement avait été, en septembre, octobre et novembre 1915, de 561, 534 et 578. Sur ce nombre, les blessés guéris ou très améliorés furent de 434, 452 et 483 et la moyenne de leur incapacité de travail qui était à l'entrée de 19,75 p. 100, 22,75 p. 100, et 25,93 p. 100, était tombée à 1,35 p. 100, 1,42 p. 100, 0,96 p. 100.

Une nouvelle statistique, dressée en janvier dernier et qui porte sur 317 blessés évacués après traitement, est encore plus satisfaisante. Sur ces 317 blessés, 254 furent guéris ou très améliorés, et leur incapacité passa, après une moyenne de cinquante-quatre jours d'hospitalisation dans un centre de rééducation physique, de 27,98 p. 100 à 1,30 p. 100, soit un gain réalisé de 26,67 p. 100.

Pour ces 317 blessés, un calcul fort instructif a été fait qui prouve assez l'économie réalisée par cette méthode. Le capital correspondant aux gratifications qui auraient été justifiées par cette incapacité, établi d'après les calculs en usage dans les compagnies d'assurances et en prenant la moyenne d'âge de vingt-sept ans, eût été de 1 859 440 francs.

les machines les plus diverses, en des postures les plus bizarres, celui-ci allonge son bras, celui-là « aiguise » ses mains, cet autre dégourdit son pied, tel autre soulève son buste, tourne son corps, réapprend les flexions les plus simples de la tête, du cou, des épaules, tente de marcher, de plier son bras. Plus loin ce sont des boîtes chaudes pour chaque membre, des lits spéciaux dans lesquels la chaleur se concentre; puis des baignoires pour bains locaux; puis les cages et les machines électriques, la darsonvalisation; puis la salle de gymnastique et de massage. Tout cela vit d'une activité singulière, la chair inerte, à laquelle la machine animée réimprime les mouvements qui lui furent élémentaires, semblant faire corps avec la matière, comme si tous ces châssis, toutes ces poulies, toutes ces courroies, tissaient mécaniquement de la vie.

On est allé plus loin encore, non pas dans la voie de la perfection, mais dans celle de la simplification. A la mécanothérapie complexe et coûteuse on a substitué dans une grande variété de cas la manothérapie, peu compliquée et à la portée de tous. L'appareil que le Dr Privat a présenté à l'Académie de médecine est notamment rudimentaire et pourtant universel : avec deux cordes et un poids on supprime les raideurs des tissus, on mobilise les articulations, on rend aux membres leur élasticité et leur vigueur. De même il suffit d'une bicyclette tournant sur place — comme à la fête du village — pour combattre l'ankylose des jambes et particulièrement du genou... C'est du moins la méthode qu'emploie, à l'hôpital de l'École des Arts et Métiers de Paris, M. le Dr Lachaud, méthode dans laquelle l'initiative est laissée au blessé, les appareils ne jouant plus qu'un rôle passif et servant seulement à diriger l'effort de l'homme lui-même.

L'appareil au surplus n'est pas toujours indispensable à la rééducation fonctionnelle : celle-ci peut être obtenue par le seul travail de l'homme convenablement gradué, comme l'indique dans son récent ouvrage, le Dr Kouindjy du Val-de-Grâce. C'est la méthode qu'emploie le service de santé autrichien et qui donne chez nous d'excellents résultats à l'École des Arts et Métiers de Paris, où Mme René Viviani a installé son *Œuvre de l'atelier du blessé*, laquelle a déjà de nombreuses succursales; à l'hôpital de physiothérapie des Trente-six-Ponts à Toulouse, à l'école de rééducation de Douvres-la-Délivrande et dans bien d'autres centres.

Cependant la méthode a un défaut : elle risque de décourager les mutilés en prolongeant leur séjour à l'hôpital militaire. Le général Malleterre a dit un jour que la rééducation professionnelle devrait être faite dans les formations sanitaires de l'armée comme en Allemagne ou en Autriche. Profonde erreur de psychologie ! Le soldat français, si brave, si beau dans le combat, a une répulsion très vive pour la caserne et pour la discipline quand celle-ci ne lui est pas imposée par la bataille même. Plus vous le laisserez dans un dépôt de convalescent, plus vous en ferez un dégoûté. Il faut, au contraire, le sortir très vite, le plus vite possible des mains de l'autorité militaire. Il faut autant qu'on le pourra faire sa rééducation fonctionnelle ailleurs que sous la surveillance des majors. Il faut, et ce sont les hommes les plus compétents en matière militaire, M. Charles Humbert, M. Henry Paté, qui le demandent, le libérer aussitôt que son état le permettra.

Mais cela ne va pas à l'encontre de la rééducation fonctionnelle par le travail lui-même qui est une méthode fort logique et fort simple : il suffit de la pratiquer ailleurs qu'au dépôt, chez les industriels avoisinants comme à Toulouse, ou à l'école même de rééducation professionnelle la plus proche. Car il est certain que l'exercice de nombreux petits métiers, des travaux d'abord légers, puis de plus en plus appropriés, aideront aussi vite et aussi bien que n'importe quels autres mouvements au renouvellement et au développement de l'effort physique et productif du blessé.

Cet effort est naturellement proportionnel à la force du ou des membres, proportionnel aussi à la puissance de travail du sujet, à ce pouvoir d'action que M. le Dr Amar appelle le « moteur humain ». Or il est possible de déterminer la « valeur » de ce moteur, comme celle de tous les moteurs. Il suffit pour cela de la mesurer. C'est à quoi s'emploie M. Amar dans son laboratoire de recherches sur le travail professionnel au Conservatoire des Arts et Métiers. Il a combiné des outils ingénieux qui tracent directement sur un rouleau de papier les mouvements et les efforts de l'ouvrier qui les emploie, ce qui permet de les comparer, de les analyser, au besoin de les rectifier et de les discipliner. Une fois la valeur du moteur connue, M. Amar s'applique à l'améliorer par des procédés de rééducation fonctionnelle qui lui sont propres. Il arrive de la sorte, après un examen physiologique approfondi, à établir une « fiche » qui indique de façon précise l'état physique et physiologique général, la capacité de travail du blessé et l'orientation professionnelle à lui donner de préférence. Cette *fiche d'aptitude* présente une réelle utilité et son usage devrait être généralisé, sinon pour tous les mutilés, au moins pour une partie et pour la plupart des estropiés.

Les travaux du directeur du Laboratoire de Recherches n'ont d'ailleurs pas porté que sur la rééducation fonctionnelle : il a étudié en même temps un certain nombre d'appareils de prothèse dans cet esprit que l'appareil ne doit pas seulement remplacer la partie disparue du membre, mais surtout l'action de celui-ci.

La question de la prothèse est une de celles qui seront le plus difficilement résolues, en ce sens qu'elle soulève de nombreux problèmes d'ordre chirurgical, mécanique, et même financier, et que sa solution, malgré toutes ces complications, devrait intervenir rapidement pour être satisfaisante.

Une école chirurgicale conteste l'utilité de l'appareil dans la plupart des cas : sauf de rares exceptions, elle estime que le moignon avec un simple pilon pour la jambe ou un simple crochet pour le bras rendent autant de services qu'une machine coûteuse dont la seule utilité est de remplir une manche ou un pantalon. Il est sûr en tout cas qu'il vaut beaucoup mieux conserver que remplacer. Toutes les fois qu'on en voit la possibilité, le procédé du professeur Reclus est à employer : nettoyage à fond sous un jet d'eau stérilisée très chaude, régularisation et assèchement des plaies, puis embaumement du membre dans un enduit total de pommade antiseptique. Résultat : lorsqu'on enlève le pansement, les plaies apparaissent nettes, bien bourgeonnantes, la cicatrisation est correcte, et le plus souvent on a réussi a conserver des parties très utiles, comme le pouce qui, même réduit de moitié, rendra encore de grands services.

On ne peut cependant toujours se contenter de tels moyens conservatoires. Quelque prévention que certains esprits aient contre le membre articulé, l'utilité de celui-ci est parfois incontestable. Telles mutilations en imposent l'usage. C'est alors au chirurgien à préparer le point d'appui, à l'orthopédiste à construire l'appareil, qui se prêteront le mieux l'un et l'autre aux mouvements normaux qu'il s'agit de demander au membre artificiel.

La première phase de la prothèse sera la préparation du moignon, celui-ci devant donner plus ou moins de force, suivant sa puissance musculaire, à l'appareil qu'il supportera : on rendra leur résistance et leur souplesse aux tissus, leur élasticité aux muscles, la mobilité de leur mécanisme aux articulations. Puis on appliquera l'appareil le plus tôt possible, pour le faire insensiblement supporter au malade et l'obliger à s'en servir dès qu'il voudra agir.

Mais quel appareil? En principe celui qui réunira les qualités du membre articulé parfait : *solidité*, pour assurer la stabilité, *souplesse* pour qu'il ne cause aucune gêne, *légèreté* pour éviter l'effort au moignon, *simplicité* pour qu'il soit facile à manier, et... naturellement tout cela au prix le plus bas qu'il se pourra. Pour les membres supérieurs il faut ajouter un organe de prise qui possède un usage long et varié.

Les modèles ne manquent pas. Malheureusement aucun ne réunit toutes les qualités souhaitées. Le modèle de Beaufort pour la jambe, le membre-outil pour le bras sont ceux qui se rapprochent le plus de la perfection. Le premier permet la flexion du genou et les mouvements du pied. Le second se moule par une gaine de cuir au moigon du coude ou de l'épaule et peut recevoir dans sa partie qui représente le poignet, par une vis appropriée, tel outil qu'on voudra, un porteplume, une fourchette, un couteau, une pince, un crochet, un marteau, de sorte que le mutilé puisse écrire, boire, manger, travailler à sa volonté.

Le monde savant cherche depuis la guerre tous les perfectionnements possibles. Le Dr Pierre Robin a combiné une série intéressante d'appareils de prothèse fonctionnelle pour remédier aux paralysies radiales, cubitales, deltoïdales. Les Drs Bourreau, de Paris, Pont et Nové-Josserand, de Lyon, ont imaginé des séries très spéciales de membres artificiels adaptés à chaque catégorie de métiers. Le Dr Amar a construit un bras articulé, ou plus exactement une main articulée, que manœuvre un jeu de leviers placés à l'intérieur et commandés au moyen de fils métalliques par le moignon restant ou par l'épaule opposée, s'il n'y a pas de moignon. La main valide n'intervenant pas, l'appareil peut convenir aux amputés des deux mains. Bien que plus léger et moins coûteux que les appareils analogues (bras Delorme, etc.), ce système est encore trop compliqué pour que son usage soit généralisé. Aussi M. Amar a-t-il créé une pince plus simple, destinée à remplir le rôle d'auxiliaire de la main restante pour la préhension des objets et des outils. Ce sont des pinces du même genre qu'on doit également à M. Brunet, fondateur de l'œuvre des « Mutilés de l'armée », et à Mme David Weill, mais plus spécialement destinées la première aux emplois de bureau, la seconde à la menuiserie.

Le nombre considérable d'appareils que la guerre a rendu indispensables devait obliger l'État à rechercher des modèles-types et à les faire établir en séries pour satisfaire aux exigences de tous les mutilés. MM. Connevot et Dalbiez ont d'ailleurs demandé au Parlement, par voie de proposition de loi, de mettre absolument et totalement à la charge de la nation la fourniture des appareils prothétiques et orthopédiques aux mutilés de la guerre[1]; si leur proposition est adoptée, l'urgence sera plus grande encore d'une réforme générale de la prothèse sur la base d'un petit nombre d'appareils éprouvés, distribués, réparés et remplacés gratuitement par l'État.

C'est ce petit nombre de membres artificiels que le sous-secrétaire d'État du service de Santé à chargé

1. Ch. des D., 1915, n° 803 (Voir aux *Annexes*, IV-iv). La proposition prévoit également la *gratuité viagère des soins médicaux* à tous les mutilés, l'*entretien gratuit de tous les soldats aveugles* dans les établissements subventionnés à cet effet, et l'*internement gratuit* de tous les militaires frappés d'aliénation mentale. M. Audiffred, sénateur, a de même demandé la *gratuité des cures thermales* (Sénat, 1915, n° 201).

une Commission de médecins et d'orthopédistes, d'établir dans un court délai. De concert avec le Laboratoire de recherches sur le travail professionnel du Conservatoire des Arts et Métiers, la commission a pour mission de fixer définitivement les appareils-types qu'on demandera à tous les constructeurs : ces appareils remplaceront le pilon primitif et le bras de parade, l'un lourd et inutile, l'autre dur et blessant à la longue, que les soldats amputés ont reçus pendant les premiers mois de la guerre et dont ils n'ont cessé de se plaindre. D'ores et déjà le choix de la Commission s'est porté sur deux sortes d'appareils, l'un de travail, l'autre de pure esthétique ou d'utilité générale, à savoir : pour la jambe, soit le pilon articulé au genou, soit la jambe à articulation libre; pour le bras, soit l'appareil à main articulée, soit la pince à préhension ou le membre-outil à usages divers[1].

1. Une note du service de Santé du 2 juin 1916, fait connaître que les appareils seront remis et réparés gratuitement pendant la durée de la vie des blessés, par les centres d'appareillage et de rééducation professionnelle créés à *Paris* (pour la région de Paris, la région du Nord, les 3ᵉ, 4ᵉ, 5ᵉ régions et la Côte-d'Or); *Rennes* (pour les 10ᵉ, 11ᵉ régions et la Mayenne); *Bourges* (pour les 8ᵉ, 9ᵉ régions et le Loir-et-Cher); *Lyon* (pour les 7ᵉ, 14ᵉ régions et Saône-et-Loire); *Clermont-Ferrand* (pour la 13ᵉ région, la Corrèze et la Creuse); *Bordeaux* (pour les 12ᵉ, 18ᵉ régions, les Deux-Sèvres, le Gers et le Lot-et-Garonne); *Montpellier* (pour les 15ᵉ, 16ᵉ et 17ᵉ régions et le corps d'Orient); *Alger* (pour l'Afrique) et *Nancy* (pour les 6ᵉ, 20ᵉ et 21ᵉ régions).

Le centre d'appareillage établit le dossier de la demande, après examen médical, et délivre l'appareil approprié et les accessoires (chaussure orthopédique, etc.). D'autre part il assure la production des appareils, surveille l'exécution des commandes, contrôle leur réception par voie d'expertise, fait exécuter les réparations et les remplacements (sauf s'il s'agit des appareils de luxe délivrés par des Associations privées après la fourniture du modèle-type par l'État).

La production des membres artificiels constituera l'autre phase du problème. Quel que soit l'optimisme des communiqués officiels du service de Santé, il est trop vrai que l'offre est loin de correspondre à la demande. Depuis que la question a été soulevée à la Chambre par M. Candace[1], les services de M. Godart, auxquels revient la tâche d'organiser et de réglementer la fabrication, ont fait de leur mieux. Ils ont créé des ateliers d'orthopédie auprès des principaux centres de rééducation professionnelle, à Saint-Maurice, à Bordeaux, à Lyon, à Montpellier, à Rennes, à Bourges, à Nancy, à Clermont, à Marseille, à Alger, et réussi par là à faire construire un certain nombre d'appareils par les mutilés eux-mêmes. Mais ils n'ont que pallié et non pas conjuré la crise, parce que celle-ci ne peut l'être qu'au moyen de mesures générales et radicales : soit qu'on réquisitionne les fabriques d'instruments prothétiques; soit qu'on fasse cesser le monopole exorbitant et inexplicable de celles-ci en autorisant les groupements d'initiative privée à construire eux-mêmes comme certains le demandent depuis le début de la guerre; soit que l'État assure en régie la fabrication de ces instruments, avec l'aide des ouvriers orthopédistes démobilisés et des médecins spécialistes, et en se servant des modèles américains, danois ou même allemands, actuellement monopolisés par nos ennemis, en attendant que le modèle-type français soit trouvé, expérimenté, contrôlé et adopté.

1. Ch. des D. Séance du 8 octobre 1915. Discussion de la proposition de résolution de M. Candace sur le contrôle des maisons d'orthopédie réquisitionnées.

L'essentiel est d'ailleurs qu'on arrive rapidement à une solution, quelle qu'elle soit. Ce n'est pas dans trois ans, ni même dans un an, qu'elle doit être réalisée, mais tout de suite. Le nombre des mutilés est tel déjà que, rien que pour fournir les appareils, en admettant qu'on n'ait qu'à les construire, il faudra des mois. Or non seulement les appareils ne peuvent être construits tant qu'on n'aura pas établi leur modèle, mais encore il faudra, une fois qu'ils seront prêts, les adapter, et c'est là une opération délicate qui, devant être faite pour chaque mutilé, prendra elle-même beaucoup de temps.

Le mutilé sera souvent lui-même le meilleur promoteur des perfectionnements de la rééducation fonctionnelle et de la prothèse. Nous avons vu déjà que, rien qu'en travaillant, le blessé peut parachever l'assouplissement de ses membres infirmes. C'est en travaillant aussi qu'il se rendra compte, mieux que personne, des modifications, des améliorations dont seront susceptibles et son appareil et ses outils. Déjà les faits sont éloquents : les « trucs » des mutilés prennent un développement de plus en plus grand. Ils s'élèvent jusqu'à l'invention : ici c'est un chauffeur d'auto qui imagine un volant pour manchot, là un cultivateur qui trouve une disposition spéciale du pilon pour marcher en terre labourée, etc...

Bien mieux encore : fréquemment la pratique. l'expérience amèneront le mutilé à délaisser l'appareil prothétique et c'est un fait courant dans les écoles de rééducation de voir les blessés s'efforcer de suffire à leur tâche avec leurs seuls moyens naturels. Ils y parviennent avec une étonnante facilité, grâce à la prodigieuse faculté d'adaptation dont est douée la nature humaine, faculté que les médecins ont scientifiquement observée dans le cas qui nous intéresse, et qu'ils ont dénommée l' « accoutumance aux mutilations ».

M. C. Julliard, privat-docent à la Faculté de médecine de Genève, a écrit sur ce sujet un ouvrage intéressant [1]. Les fameuses *sensations des amputés* par quoi l'on prétendait nous démontrer en philosophie l'inexistence du monde extérieur, prennent dans l'étude de M. Julliard toute leur valeur concrète, au point de lui faire admettre comme un axiome scientifique l'adage « l'habitude est une seconde nature ». De fait, l'habitude est une seconde nature pour l'homme qu'a photographié l'auteur et qui, amputé de l'avant-bras droit et sans l'aide d'un appareil, monte à l'échelle, bêche, travaille au pic, roule une brouette, le tout sans effort. Des faits en grand nombre étayent la thèse de M. Julliard : l'accoutumance aux mutilations est un facteur incontestable d'amélioration physique, aussi bien pour les blessures de guerre que pour les accidents du travail. C'est comme l'aide apportée par la nature elle-même à la rééducation fonctionnelle et à la prothèse pour la restauration physique de l'estropié et de l'amputé, qu'elles contribuent ensemble à préparer à la rééducation professionnelle.

1. *L'accoutumance aux mutilations*, par C. Julliard, 1910, Alcan.

# CHAPITRE IV

## LA RÉÉDUCATION PROFESSIONNELLE

« Lorsque le blessé a franchi successivement les étapes opératoire et post-opératoire (physiothérapie) de la phase médico-chirurgicale qui est du domaine exclusif du Service de Santé militaire, lorsqu'il peut être considéré comme consolidé au sens de la loi de 1898, et qu'il demeure atteint d'une invalidité permanente et partielle, la patrie ne doit pas se considérer comme libérée à son égard par la liquidation de la pension qu'elle lui doit. Il faut encore lui faciliter la reprise du travail et le placer s'il peut reprendre son ancien métier ou, s'il ne peut pas, lui en apprendre un nouveau. »

Le Dr Mosny posait ainsi le problème de la rééducation professionnelle dans une communication à l'Académie de Médecine, le 29 avril 1915. Et la suite de la communication en précisait les termes :

« Cette rééducation professionnelle des estropiés et des mutilés de la guerre est essentiellement une œuvre sociale d'assistance qui incombe aux services publics d'assistance de l'État et des Communes ou aux œuvres d'assistance privée. Elle doit être entreprise aussitôt après la consolidation de la blessure, mais il ne faut soumettre à l'épreuve longue de l'apprentissage que les estropiés et les mutilés qui en sont physiquement et intellectuellement capables et qui s'en montrent moralement désireux.

« Ce n'est pas chez des patrons grands ou petits, dans des ateliers privés qu'il faut entreprendre ce réapprentissage, mais dans des écoles-ateliers spécialement créées à cet effet et placées sous la direction simultanée de médecins et de techniciens, seuls capables dans une étroite collaboration de guider les blessés dans le choix et dans l'apprentissage d'un métier approprié à leurs aptitudes physiques, à leurs capacités et à leurs goûts.

« Ces écoles-ateliers seraient créées dans les diverses régions militaires, au voisinage des grands centres d'hospitalisation de blessés ou des dépôts de convalescents qui les alimenteraient et où chaque blessé pourrait apprendre dans sa région d'origine un métier plus conforme à ses habitudes et à ses goûts. Les meilleurs maîtres en chaque art feraient de leurs élèves des ouvriers modèles dans les métiers choisis parmi les plus rémunérateurs et les plus faciles.

« Une fois rééduqués, les élèves seraient placés par les soins de l'œuvre publique ou privée qui aurait assuré leur rééducation professionnelle. Une caisse de prêt alimentée par la bienfaisance privée pourrait être instituée dans le but de faciliter l'établissement de ceux qui pourraient aspirer à devenir patrons. »

On ne pouvait mieux définir, au printemps de 1915, les directions suivant lesquelles semblait alors devoir être organisée la rééducation professionnelle des mutilés : nécessité de la rééducation, nécessité d'en faire une œuvre nationale, nécessité de la réalisation de cette œuvre par l'école plutôt que par l'atelier patronal, nécessité de situer les centres de rééducation dans les régions les plus favorables, nécessité de la collaboration prédominante des techniciens avec les médecins, tout cela a été depuis vérifié par l'expérience de presque une année et demeure incontestable. Mais cette même expérience a par contre démontré qu'on devait forcément se tromper et qu'on s'était trompé en effet en donnant à l'œuvre un caractère d'assistance et en en confiant la direction à l'Assistance publique, — et que le choix des régions devait être fait non en tenant compte de leur destination militaire, ce qui ne signifie rien en l'occurrence, mais en considérant leur importance industrielle ou commerciale, ou même agricole, de laquelle dépendent à la fois les facilités d'apprentissage et surtout les facilités de placement.

A mesure qu'on a avancé dans l'action, les vues premières, toutes de doctrine, se sont ainsi modifiées. Peut-être même la question n'est-elle pas encore tout à fait au point. Il semble cependant qu'on soit arrivé à déterminer définitivement les principes essentiels de l'œuvre à poursuivre.

La rééducation professionnelle des blessés et mutilés est devenue une nécessité inéluctable quand, après les premiers mois des hostilités, il est apparu que le nombre des victimes de la guerre serait effroyable. D'une part affaiblissement considérable de la main-d'œuvre valide, d'autre part accroissement considérable des non-valeurs sociales. Double phénomène, imposant doublement au pays l'obligation de combler par la récupération de ces non-valeurs les vides de cette main-d'œuvre.

Aussi bien le mutilé est-il en droit d'attendre de la patrie, pour laquelle il s'est sacrifié, qu'elle lui fournisse les moyens de se refaire une vie active et digne et de demander au travail les satisfactions qui ne sauraient lui être refusées, parce qu'il a fait son devoir de soldat; — et l'intérêt du pays est-il de préparer à combattre sur le champ de bataille économique où se décidera la stabilité de la paix et la pérennité de la victoire, les soldats qui auront aidé à remporter celle-ci sur le champ de bataille militaire.

En se plaçant à ce point de vue, certains ont émis l'opinion que la rééducation professionnelle devrait être obligatoire pour tous les mutilés en état d'en profiter. D'autres se sont bornés à souhaiter que le paiement de la pension fût subordonné à cette condition que le mutilé donnerait la somme de travail dont une rééducation normale l'aurait rendu capable. Mais dans l'un et l'autre cas nous croyons que l'État outrepasserait ses droits. Si même l'obligation était désirable, ce qui peut se soutenir, il serait presque impossible de l'imposer pratiquement, étant donné l'infinie diversité des mutilations et des situations sociales de ceux qu'on ne pourrait uniformément y astreindre. Et M. le Dr Borne au contraire voudrait qu'on n'entreprît de rééduquer que les seuls mutilés qui le demandent et qui seraient reconnus susceptibles d'un travail normal, de façon à ne pas avoir de mécomptes[1].

Obligatoire ou non, la rééducation professionnelle doit tout au moins être, avant tout et surtout, une œuvre nationale. Qu'on la regarde comme l'acquittement d'une dette vis-à-vis du mutilé ou comme la préparation d'effectifs pour le travail de demain, c'est à la nation qu'il incombe d'en prendre la charge dans les deux cas. Si l'on en considère d'autre part les destinées, c'est encore la nation qui paraît la mieux qualifiée pour la mener à bien, tant à cause des moyens puissants de réalisation que lui offrent son budget et ses services administratifs et techniques, que de la possibilité qu'elle a seule de résoudre certaines difficultés et de vaincre certaines résistances par la loi ou la réglementation. Enfin, et cela n'est pas à dédaigner dans l'état d'esprit qui est fort heureusement celui du peuple pendant cette guerre, l'État seul peut assurer à tous les mutilés le maximum d'égalité de traitement dont les initiatives privées seraient totalement incapables de réaliser le minimum. Celles-ci

1. Les deux thèses ont été soutenues, la seconde par M. le Dr Borne dans son étude déjà citée de la *Revue d'hygiène*, la première par M. Pierre Villey, dans un article de la *Revue des Deux Mondes* (octobre 1915) sur *la Réadaptation des soldats mutilés et aveugles à la vie utile*.

Cet article a donné à un député, M. Pierre Rameil, l'idée de déposer une proposition de loi aux termes de laquelle tout mutilé pensionné pourra se faire rééduquer — ce qui ne lui est pas interdit d'ores et déjà — et ne devra, dans ce cas, subir aucune diminution de pension — ce contre quoi il est garanti pleinement par le caractère même de la pension qui est un *droit*.

C'est cette proposition qui a servi de point de départ à la commission d'assurance et de prévoyance sociale de la Chambre pour l'établissement de la proposition tout de même un peu plus étudiée qu'elle a fait voter le 24 mars 1916. (Voir aux *Annexes* : IV-VII.)

ne peuvent être que des efforts partiels et complémentaires qu'il sera bon d'encourager, mais qu'il sera surtout nécessaire de coordonner et souvent même de canaliser. Car, s'il importe que tout soit mis en œuvre sans particularisme ni parti pris, il importe plus encore que l'œuvre soit une, disciplinée et dirigée, dans la diversité de ses moyens, avec un même esprit et vers un même but.

Pour cela il est indispensable que tous les services compétents de l'État participent à l'organisation de la rééducation, chacun pour la partie qui le concerne : le service de Santé militaire pour la rééducation fonctionnelle, l'enseignement technique pour la rééducation professionnelle, le ministère du Travail pour les assurances contre les accidents et pour le placement, — de plus, à titre tout à fait accessoire, l'Assistance publique pour les moyens déterminés d'assistance ou de contrôle médical dont elle peut disposer, et les ministères des Finances, de l'Instruction publique et de l'Agriculture, pour la recherche des ressources ou pour l'organisation des enseignements spéciaux qui peuvent être créés dans certaines écoles. L'unité sera réalisée facilement par l'attribution de la direction générale de l'œuvre à celui de ses services qui paraîtra le plus désigné pour l'exercer.

L'erreur semble avoir été de croire, tout au début de l'effort, que la rééducation, n'étant qu'une forme de l'assistance, devait être affaire d'assistance publique. L'excuse est qu'il fallait aller vite... Mais, pour aller vite, on a manqué de psychologie en parlant d'assistance quand il s'agissait d'accomplir à l'égard des plus braves d'entre les Français un devoir très haut de reconnaissance et de solidarité, et plus encore en confiant ces braves à l'Assistance publique alors qu'on entend, non pas les « assister » au sens dans lequel ce mot est pris aujourd'hui à tort ou à raison, mais bien leur apprendre un métier, c'est-à-dire faire pour eux ni plus ni moins que ne font nos institutions d'Enseignement professionnel pour les milliers de jeunes gens qu'elles préparent chaque année au commerce et à l'industrie.

Une pareille erreur peut paraître singulière, à l'heure même où les méthodes d'assistance passive sont en discrédit, où l'on proclame la faillite et l'immoralité sociale de l'institution des Invalides, où l'on perçoit nettement l'urgente nécessité de faire de la solidarité agissante et virile et non plus de l'aumône plus ou moins déguisée, plus ou moins dégradante, plus ou moins efficace. Et puis l'administration de l'Assistance publique, simple distributrice d'argent, n'ayant ni la mission ni le souci de tirer le meilleur parti possible de ses dépenses, n'est-elle pas par définition incapable d'organiser, puisque son rôle n'est que de secourir? Service essentiellement administratif et formaliste n'ayant aucun contact avec la vie économique, ignorant tout de la situation de l'industrie, de ses tendances, de ses besoins, de ses méthodes; inconnu tout à fait des industriels, des commerçants; sans relation, avec les chambres de commerce, les conseils de prud'hommes, les syndicats patronaux ou ouvriers, l'Assistance publique se trouvait-elle bien préparée à la tâche tout à fait particulière, tout à fait spécialisée qu'exige l'organisation de la rééducation professionnelle[1]?

Il ne faut pas oublier en effet que, si toutes les questions préliminaires de la rééducation sont des questions plus ou moins médicales et peuvent par là relever des services médicaux soit de l'armée soit de l'Assistance publique, la rééducation elle-même est complètement et uniquement affaire d'enseignement technique, puisqu'elle est entreprise avec des blessés et mutilés absolument consolidés au point de vue de la loi de 1898, c'est-à-dire ayant déjà passé par la rééducation fonctionnelle ou se trouvant déjà munis d'appareils, n'ayant par conséquent plus besoin du secours du médecin qu'accessoirement, — et puisqu'elle n'a d'autre objet que l'apprentissage d'un métier à un homme dont l'activité doit être profitable à lui-même et sera nécessaire au développement ultérieur de la prospérité nationale.

La logique aurait peut-être voulu, dans ces conditions, que la direction générale de la rééducation fût donnée non pas à l'Assistance publique, non pas même comme certains l'ont demandé au ministère de l'Instruction publique, ce qui déjà eût été cependant mieux, mais bien aux services compétents

1. La critique de ce choix a été faite dans un article du *Radical*, du 18 février 1915, par M. Victor Boret, député, qui dit notamment : « Le gouvernement... vient de confier les mutilés de la guerre à l'Assistance publique. Je n'hésite pas à dire que d'autres institutions me semblaient mieux qualifiées.... J'avoue que je ne vois pas très bien les services de la Vieille Dame diriger logiquement l'activité de l'estropié.... Pourquoi le gouvernement n'a-t-il pas consulté la commission du commerce et de l'industrie, les chambres de commerce, les syndicats ouvriers? A-t-il donc perdu le contact avec le public qui travaille et agit? »

de l'Enseignement technique dont elle n'est qu'une pure et simple application. C'est là qu'il en faudra sans doute venir, si l'on ne veut pas que l'œuvre entreprise échoue dans la paperasse et le formalisme, si l'on veut qu'elle se poursuive normalement, qu'elle vive de la vie réelle des institutions industrielles et commerciales et non du demi-sommeil routinier et stérile des œuvres coûteuses de l'assistance administrative.

Cela s'imposera d'autant plus que l'expérience démontre chaque jour davantage la supériorité de l'école comme moyen de la rééducation.

Il y a déjà des mois qu'est finie la discussion entre les partisans de l'apprentissage patronal et ceux de l'enseignement professionnel. On accorde aux premiers qu'il est possible dans quelques cas de faire apprendre par des petits patrons — si toutefois l'on en trouve qui veuillent s'en charger — un très petit nombre de métiers faciles à un nombre encore plus réduit de mutilés de certaines catégories choisis parmi les moins atteints seulement.

On ne peut aller très loin dans cette voie pour la raison simple que le mutilé n'est pas un apprenti ordinaire. C'est un homme qui n'a pas un long temps à consacrer à son réapprentissage, qui ne peut par conséquent se plier aux longues routines de l'atelier patronal. C'est de plus un invalide, pour lequel les méthodes de l'apprentissage ordinaire ne valent pas : on devra non seulement lui enseigner un métier, mais encore le moyen de le pratiquer avec un seul bras, une seule jambe, une main réduite, souvent avec la main gauche au lieu de la droite. Le patron, quel qu'il soit, sera dans l'impossibilité de satisfaire de telles exigences, et même, s'il le pouvait, la plupart du temps il ne le voudra pas, parce qu'il n'y trouvera aucun intérêt et que son but n'est pas de travailler pour faire un apprenti, mais de faire travailler l'apprenti pour en tirer profit. Enfin il sera souvent nécessaire de modifier la disposition d'un outil, d'une machine, pour l'adapter au travail du mutilé. Quel est le patron qui consentira à supporter de tels changements d'outillage sans qu'il en résulte aucun bénéfice pour son entreprise?

Même si on supposait résolues toutes ces difficultés, il resterait encore une importante question à trancher, celle de la subsistance des apprentis : à chacun d'eux il faudrait allouer une indemnité de vie. Or rien n'empêcherait tel mutilé de se contenter de cette allocation et de prolonger indéfiniment le temps pendant lequel il la recevrait. Le Dr Bourrillon, qui penche cependant pour le système du placement à l'atelier privé, est obligé de reconnaître qu'il est impossible de réprimer pratiquement de tels abus et que la généralisation du système des allocations pourrait être, à ce point de vue, dangereuse. Quant au système qui consisterait à loger dans un hôtel spécialement aménagé tous les mutilés en apprentissage aux alentours, il a tous les inconvénients de l'école et du placement à l'atelier et aucun des avantages de l'un ou de l'autre.

Les ateliers corporatifs se comprendraient mieux. Fondés par des groupements professionnels et subventionnés par les municipalités, les départements ou l'État, ils seraient plus nettement orientés vers le but qu'ils se proposeraient. Mais on ne peut espérer voir naître ces organismes que dans les centres et les professions qui souffriront d'une crise de main-d'œuvre, et il n'est possible d'accepter ce procédé que comme un adjuvant et non comme une base.

Reste l'enseignement professionnel à l'école. Sans s'en dissimuler les inconvénients qui ne sont d'ailleurs que secondaires, tous ceux qui jusqu'à ce jour se sont sérieusement occupés de la question, M. Herriot comme le Dr Mosny, le Dr Borne comme le Dr Carle, reconnaissent qu'il constitue la méthode la plus sûre — pour ne pas dire la seule — de rééducation efficace et pratique.

On lui reproche d'entraîner forcément l'internat, ce qui est injuste puisque les écoles professionnelles peuvent très bien avoir des externes. Et puis l'internat est préférable à l'allocation journalière en ce qu'il permet d'avoir mieux l'élève en main, de s'intéresser davantage à ses progrès, de contrôler plus facilement son travail, et, pour toutes ces raisons, de réduire au minimum le temps de l'apprentissage. La discipline cependant, dira-t-on, sera difficile à supporter pour des hommes déjà âgés. On oublie qu'on a affaire à des soldats et que la discipline est une question de mesure et de tact bien plus que d'aveugle réglementation.

On oublie surtout que l'école professionnelle est, de l'avis de tous les spécialistes, et, si l'on en juge par les résultats qu'elle a donnés jusqu'alors, le meilleur, et de beaucoup, de tous les systèmes d'apprentissage. Là seulement, en effet, l'apprentissage reste l'unique préoccupation de l'enseignement, et n'est pas retardé, faussé, contrarié, comme à l'usine, par la tentation du patron de transformer l'apprenti en manœuvre; là seulement, le but n'étant pas de produire mais d'enseigner, l'apprentissage peut être réglé rationnellement, gradué pratiquement, conduit selon les dernières données du progrès industriel; là seulement enfin il sera possible de s'occuper du mutilé en tenant compte à la fois de ses aptitudes, de sa validité, de ses goûts, et en lui fournissant les outils spéciaux, les machines adaptées par quoi son travail sera facilité.

Il n'y a pas que l'enseignement de l'école, il y a aussi l'atmosphère de l'École : « Pour qu'un maçon, écrit le Dr Carle, soit en six mois transformé en comptable, en voyageur de commerce, comme nous l'avons fait chez nous, il ne faut pas seulement le pencher huit heures par jour sur des chiffres ; il faut que ses conversations quotidiennes, que ses lectures, que l'ambiance dans laquelle il vit, soient complices de cette transformation morale qui se produit bien souvent à son insu [1]. »

Il n'est pas inutile non plus de faire remarquer que, pour être appelé « école », l'institut professionnel tel qu'il existe déjà dans l'enseignement technique officiel ne mérite aucune des préventions qui s'attachent à ce mot. L'instruction n'y est pas donnée d'une façon didactique, mais *pratique*, et consiste surtout en travaux distribués selon les méthodes expérimentales, par des maîtres pris parmi les meilleurs ouvriers de

1. Dr Carle, *Les Écoles professionnelles de blessés de la ville de Lyon*, 1915.

leur profession, d'après des programmes dictés par le souci constant de suivre les progrès de l'industrie, et sous la surveillance de praticiens, de gens de métiers, choisis comme les plus qualifiés.

C'est bien dans des écoles de ce genre, plus spécialisées encore à leur destination précise, que la rééducation des blessés a le plus de chance d'être conduite rationnellement et rapidement vers des résultats heureux. Il suffira qu'un médecin veille à l'admission des élèves, puis à leur bonne santé physique et à l'adaptation de leur travail à leur infirmité; que le métier qu'on enseigne à ceux-ci offre des débouchés suffisants; que ces écoles soient créées ou aménagées là où elles répondront le mieux aux besoins de l'industrie ou du commerce ou de l'agriculture, pour que leur action résolve en grande partie le problème de la réadaptation des invalides militaires au travail normal.

## CHAPITRE V

### LES MÉTIERS DU BLESSÉ

Pour qu'elle puisse donner son maximum d'efficacité, il faut que la rééducation professionnelle soit rationnelle, c'est-à-dire orientée de façon à tirer, d'une part, le meilleur parti des facultés, des aptitudes et même des goûts du blessé, et à utiliser, d'autre part, le plus possible la capacité de travail de celui-ci. La recherche du métier le plus avantageux pour l'homme et la recherche de l'emploi le plus avantageux de l'homme pour la production nationale doivent présider à toute réadaptation logique et méthodique des blessés au travail utile, et, partant, commander le choix même des professions à enseigner dans les centres, écoles ou ateliers de réapprentissage.

En matière de rééducation comme en toutes choses, plus qu'en n'importe quelle autre chose, il faut tendre à obtenir du sujet le plus grand résultat au moyen du plus petit effort. Il ne faut pas oublier que l'organisme qu'on veut rendre au travail est un organisme diminué, presque toujours incapable d'une activité normale. Aussi ne peut-on prétendre l'astreindre à l'exercice de n'importe quelle profession.

Sans doute on a vu des miracles d'acrobatie, par exemple des manchots des deux bras peindre ou jouer de certains instruments de musique. Ce ne sont cependant que des miracles d'acrobatie et non point la démonstration qu'on peut donner comme profession normale l'exercice de la peinture ou de la musique à un double manchot. Or ce qu'il importe de rechercher par la rééducation, ce n'est pas d' « épater » le public, mais uniquement de procurer au blessé un métier qui le fasse vivre, qu'il puisse exercer sans trop de difficultés, non point en prodige, mais en travailleur tout simplement.

Ces métiers sont plus nombreux qu'on ne pense, surtout pour les mutilés des jambes. Même pour les mutilés des bras, le choix n'est encore que restreint. Depuis que l'on parle de rééducation on a eu tout le temps de les classer, de les sérier, et même, pour quelques-uns, de les adapter, en en modifiant la technique[1], au plus grand nombre possible d'infirmités.

1. Il suffira quelquefois de remplacer une *manette* par une *pédale*, de changer le dispositif d'un outil ou la disposition d'une machine, pour approprier l'une et l'autre à l'usage d'un gaucher ou d'un amputé de la main, par exemple.

La *Société d'encouragement pour l'industrie nationale*, 44, rue de Rennes, à Paris, a annoncé qu'elle consacrait une somme de 10000 francs à provoquer, encourager et récompenser les recherches méthodiques et les inventions qui permettront à tous ceux dont les facultés de travail auront été réduites par des blessures reçues au service de la Patrie, de reprendre un travail rémunérateur.

Ces recherches et inventions peuvent avoir pour but, par exemple :

*Les modifications et perfectionnements, méthodiquement étudiés et appliqués à l'outillage industriel et agricole, dans le but de l'adapter aux moyens réduits dont disposent les mutilés de la guerre, et de leur*

A ceux qu'offrait l'exemple des institutions scandinaves ou belges, l'ingéniosité française en a ajouté nombre d'autres. Une enquête du ministère du Travail, menée par M. Numa Raflin, et des études faites par la société l' « Aide immédiate » et par les services de l'enseignement technique au ministère du Commerce, ont permis de donner un tableau presque complet des ressources qui peuvent être trouvées pour chaque sorte de mutilations ou d'infirmités, dans toutes les variétés professionnelles de notre industrie, de notre commerce et de notre agriculture elle-même.

Il faut tout d'abord mettre à part les professions administratives. Il n'est pas douteux que de très nombreux blessés escomptent une place de fonctionnaire, serait-ce du plus modeste traitement. L'espoir est légitime, mais il est d'abord médiocre, et ensuite aléatoire. Les places qu'on pourrait donner aux mutilés, sont, nous l'avons vu, presque toutes infimes

*permettre d'exercer un métier, de préférence celui qu'ils avaient appris autrefois;*

*Les dispositifs de défense nouveaux et plus complets, pour augmenter la sécurité des ateliers qui occuperont les mutilés, afin de réduire, dans l'intérêt de tous, les risques auxquels ils sont spécialement exposés;*

*Les inventions diverses en vue de faciliter l'emploi des mutilés, et leur éducation professionnelle;*

*Les dispositions générales des organisations intérieures établies pour l'utilisation du plus grand nombre possible de mutilés, sans que ceux-ci éprouvent la gêne d'être secourus, mais se sentent au contraire grandis et relevés par un travail réellement productif.*

La Société ne fixe aucun délai pour la présentation de ces études; elles seront, au fur et à mesure de leur présentation, examinées par les Comités compétents, encouragées ou récompensées, s'il y a lieu.

et certainement inférieures à la moindre situation professionnelle. Et leur nombre est si restreint, comparativement à celui des candidats, que bien des déceptions sont à craindre.

Les mutilés qui éprouveront ces déceptions se tourneront tout naturellement vers les carrières sédentaires du commerce et voudront être comptables, caissiers, magasiniers, tribuns, sténo-dactylographes, etc. Ce sont déjà ces professions qui attirent la majorité des élèves des écoles de rééducation actuellement existantes. Il est juste de dire que les offres d'emplois de cette nature sont très grandes, dès maintenant. Ils ont d'ailleurs le grand avantage de convenir — et presque seuls — aux manchots, même à ceux du bras droit, au moins en ce qui concerne les emplois de bureau.

Le problème de l'écriture sans main droite est de ceux dont la solution importe le plus au succès de la rééducation. Déjà on a remarqué que les mutilés de la main droite écrivent parfaitement et au bout de peu de temps avec la main gauche. Mais M. Louis Roya a indiqué dans une série d'articles de la *Lanterne* qu'il était presque plus facile d'écrire avec le moignon de l'avant-bras ou du bras droit qu'avec la main gauche. Le système est basé sur la persistance des sensations musculaires dans le bras ou l'avant-bras après l'ablation de la main. Il suffit d'éduquer et d'aviver ces sensations pour obtenir du moignon avec l'aide d'un bracelet ou d'une tige rigide, portant une plume ou un crayon, qu'il écrive tout comme écrivait la main. Cela valant pour un bras aussi bien que pour l'autre, il s'ensuit qu'on peut arriver avec plus de patience et plus de peine, à faire écrire même un homme qui n'a plus que le bras gauche.

Ce résultat est gros de conséquences : il apporte avec lui la possibilité d'utiliser les mutilés les plus difficiles à rééduquer, dans des professions qui sont parmi les moins dures à apprendre, surtout pour les hommes d'intelligence moyenne dont l'instruction élémentaire est suffisante.

Il n'est pas seulement possible d'écrire sans main droite : on peut aussi travailler de certains outils et par conséquent exercer certains métiers. Il suffit pour cela d'employer des bras articulés auxquels s'adaptent — ou desquels font partie intégrante — les outils dont on se sert. Un mutilé du bras droit, M. Delpy, a donné au *Temps* de curieuses indications sur les moyens qu'il emploie lui-même sans appareil compliqué pour faire assez facilement certains travaux. Et M. le Dr Gourdon illustre son rapport au Congrès d'Assistance publique de 1914, sur l'*Assistance aux enfants anormaux physiques*, de clichés où l'on voit un chef d'atelier et des ouvriers travailler à l'Institut de Copenhague bien qu'étant privés de leur main droite, et un manchot de l'avant-bras droit exerçant la profession de tourneur sur bois, à l'atelier-clinique du Dr Hœftman, de Kœnigsberg. Enfin M. le Dr Amar nous a montré, dans sa conférence du 12 janvier dernier, qu'un mutilé du bras droit travaillait fort bien avec sa « pince » adaptée à son « bras-ouvrier ».

Certains métiers manuels ne sont donc pas interdits aux mutilés des bras. Beaucoup plus encore sont ouverts aux mutilés des jambes. C'est cependant dans quelques professions parmi les plus courantes que les uns et les autres trouveront le plus facilement un gagne-pain compatible avec leur mutilation, et le plus de sécurité contre le chômage ou la concurrence de la main-d'œuvre féminine.

Le métier de *cordonnier* convient aux mutilés des jambes, à condition qu'ils aient un genou et pourvu qu'il ne leur manque pas plus d'un ou deux doigts à chaque main. Ils peuvent ainsi faire à peu près toutes les spécialités et arriver au bout d'un an à dix-huit mois à gagner un salaire convenable. Il est pourtant plus avantageux de leur apprendre certaines parties de la fabrication, comme le « pied » par exemple, ou encore de leur enseigner la cordonnerie mécanique qu'ils exerceraient à l'aide de machines dont la location est faite par la Société Américaine « Shoe Machinery C° de France », proportionnellement à la quantité de travail exécuté, et qui ne leur demanderait aucun capital d'installation.

Le métier de *tailleur* peut être pratiqué par les blessés des membres inférieurs et par ceux dont la mutilation de la main a laissé au moins la « pince », c'est-à-dire le pouce, l'index et le majeur. En un an on peut faire un « giletier » ou un « culottier », et en deux ans un ouvrier presque normal.

Dans la *fourrure*, on peut employer des mutilés comme « cloueurs » ou « tendeurs », bien que ce ne soient là que des spécialités et non des professions complètes. De même dans la *chapellerie* un mutilé des jambes peut travailler au « plateau », c'est-à-dire à l'établi, et, en gagnant un peu dès le premier jour, arriver en quelque temps à un salaire d'ouvrier valide.

Dans la *maroquinerie* et la *malleterie* on peut utiliser aussi des amputés des jambes, mais le salaire est assez faible. Au contraire dans la *sellerie-bourrellerie*, un ouvrier même infirme arrivera facilement à un gain suffisamment rémunérateur.

On forme rarement, à l'heure actuelle, des *relieurs* complets, mais seulement des ouvriers pour les différents travaux de la reliure : un mutilé ayant ses deux mains fera un « lamineur » et un « doreur », tandis que celui qui n'aura qu'une main pourra encore être employé « au débrochage » et au « cousage » ou au maniement du massicot, de la presse, du rouleau, avec un apprentissage variant de six mois à un an.

La *vannerie* est tout indiquée comme industrie pouvant offrir un apprentissage facile et des débouchés certains aux amputés des jambes et même de plusieurs doigts. De même le métier de *tailleur de pierres fines*, de pierres d'Auvergne notamment, peut être exercé par des manchots, grâce à un système de bâtons mécaniques, d'établis et de meules, dont l'application est préconisée par un lapidaire expérimenté du Massif Central, M. Vuillerme aîné.

Les professions du bois, *petite menuiserie*, *ébénisterie*, *encadrement*, *vernissage*, *sculpture sur bois*, travail du *tour*, celles qui en dérivent, comme la fabrication des *chaises*, le *cannage*, le *rempaillage*, la fabrication des *emballages*, le *clissage* des bouteilles la *saboterie*, etc., présentent à des degrés différents la possibilité de fournir une situation à des infirmes spécialement choisis et plus particulièrement parmi les blessés des jambes, sauf bien entendu pour celles de ces spécialités qui exigent un travail debout.

Au contraire les professions du fer, et plus particulièrement la *mécanique*, conviennent à des mutilés des bras, dont on peut faire des *ajusteurs*, des *mécaniciens ruraux*, des *serruriers*, des *orthopédistes*, des *horlogers*, des *couteliers*, avec l'aide d'appareils de prothèse appropriés. De même les mutilés des bras pourront devenir d'excellents *dessinateurs* industriels ou d'architecture, des *calqueurs*, des *traceurs*, etc. Les industries du *meuble*, la *verrerie*, l'*optique*, la *photographie*, à cause de la division du travail et à la spécialisation, peuvent accueillir aussi des infirmes des bras.

Parmi les autres métiers qu'on peut apprendre aux blessés et parmi les moins difficiles, il faut citer ceux de *peintres en voitures*, de fabricants de *jouets*, de *lithographes*, de *typographes*, d'ouvriers en *tabletterie*, en articles de *celluloïd*, et d'ouvriers du *peigne*, enfin la *tapisserie* et certaines spécialités du tissage — comme la *mise en carte*, ou l'*échantillonnage*.

Beaucoup de ces professions ont l'inconvénient de ne pouvoir être pratiquées que dans des ateliers. C'est pour cela qu'il est préférable, dans le plus grand nombre des cas, de s'en tenir, ainsi que je l'ai déjà dit, à quelques-unes parmi les plus simples, telles celles de tailleur, de cordonnier, de sellier-bourrelier, de coiffeur, de vannier, de tailleur de pierres fines, de ferblantier, de dessinateur et d'horloger, qui sont susceptibles de convenir au travail à domicile, par conséquent au retour du soldat à son foyer, dans son village, parmi les siens, au milieu d'une clientèle d'amis ou de connaissances.

Ce résultat, plus important qu'on ne paraît le croire, sera obtenu tout aussi bien si l'on peut rééduquer les paysans, par exemple, dans certaines professions faciles à exercer à la campagne. Le problème a paru presque insoluble au premier abord. Il le semble moins maintenant qu'on s'est décidé à l'étudier.

On ne peut sans doute songer aux gros travaux des champs proprement dits pour un homme privé d'une partie de sa force et de son adresse. Mais il n'y a pas que le cultivateur et le laboureur au village : il y a aussi des *bergers*, des *vachers*, des *garçons de ferme*, des *jardiniers*, des *laitiers*, et tout à côté, dans un ordre d'idées tout différent, des *charrons*, des *menuisiers* et des *mécaniciens ruraux*, des *conducteurs* pour machines agricoles, des *tonneliers* dans les pays de vignes, etc. Tous ces métiers sont compatibles avec un certain nombre d'infirmités, et l'on a reconnu qu'il ne serait sans doute pas difficile d'y adapter bien des mutilés qu'on en croyait tout à fait éloignés. Il n'est pas jusqu'à quelques spécialités, comme l'horticulture, l'arboriculture, l'apiculture, qui ne puissent convenir à des blessés, et dans lesquelles ceux-ci ne soient capables de se faire des situations; il pourra même leur arriver, s'ils joignent à la pratique de ces professions des connaissances théoriques générales, de compenser leur infériorité physique par une supériorité technique dont ils feront bénéficier leurs voisins valides, mais totalement dépourvus, comme le sont malheureusement trop souvent nos cultivateurs, de la moindre notion de science agraire. Le retour à la terre, loin d'être interdit au soldat blessé, peut lui offrir des compensations qu'on ne saurait trop lui conseiller de rechercher.

Si le mutilé peut ainsi facilement trouver une profession à sa convenance et compatible avec son aptitude physique, ce n'est qu'une raison de plus de ne pas lui laisser à lui seul la responsabilité de la décision qu'il aura à prendre. Non point qu'il y ait lieu d'imposer à tous l'épreuve que M. Amar voudrait voir généraliser et qui n'est guère indispensable que pour la seule catégorie, très précisément limitée, des *estropiés*. Il n'est pas besoin d'une « fiche d'aptitude », la plupart du temps, pour savoir ce que peut faire un manchot ou un amputé de la jambe. Par contre, l'avis du médecin est presque toujours bon à connaître, ne serait-ce qu'à titre d'indication et pour éviter dans la mesure du possible une aggravation ultérieure de l'état physique ou un découragement moral provenant des difficultés rencontrées dans la suite et non prévues tout d'abord.

Le choix de la profession ne doit pas seulement être guidé, nous l'avons dit, par la considération *personnelle* des aptitudes et des goûts. La considération *sociale* des besoins de la production et de la meilleure utilisation de la main-d'œuvre des blessés en vue de cette production ne doit pas moins entrer en ligne de compte.

Étant donné que la diminution du nombre de travailleurs qui résultera de la guerre se fera sentir dans toutes les corporations, et que par surcroît il sera presque toujours plus facile de faire un réapprentissage qu'un nouvel apprentissage, on devra, toutes les fois qu'on le pourra, rééduquer le blessé dans son ancienne profession. Si, pour une raison ou pour une autre, cela ne se peut pas, on choisira une profession se rapprochant le plus possible de l'ancienne, de façon à éviter au mutilé tout ce que peut avoir d'inutilement fastidieux et pénible un apprentissage totalement nouveau.

Mais surtout il faudra rechercher les métiers susceptibles d'offrir des débouchés certains et nombreux, ceux dans lesquels la guerre aura fait le plus de vides, ceux qui seront le plus nécessaires au réveil économique du pays. Il n'est pas douteux que ce seront presque toujours les mêmes, c'est-à-dire les métiers qui s'exercent au foyer ou peuvent s'y exercer, métiers indispensables à la vie ordinaire d'un peuple, comme ceux de tailleur, cordonnier, bourrelier, menuisier, ferblantier; ou métiers propres à développer l'activité locale, comme ceux de vannier, tailleur de pierres fines, tisseur, tapissier, petit mécanicien, tourneur; ou enfin métiers le plus susceptibles de concurrencer sur notre propre marché comme sur les autres la camelote allemande, comme ceux de fabricants de jouets, de peignes, de tabletterie, d'objets d'ornementation, d'horlogerie, etc.

Toutes ces professions seront appelées à un développement nouveau si l'on veut vraiment compléter la victoire militaire et diplomatique par la victoire économique. Elles réserveront forcément un travail avantageux aux braves qui pourront par elles poursuivre à l'atelier, le plus souvent familial, l'œuvre éminemment française qu'ils auront commencée sur le champ de bataille.

Une autre source de débouchés sera fournie par la transformation de l'agriculture dont on entrevoit d'ores et déjà les grandes lignes. S'il est vrai, comme cela paraît vraisemblable, que le prolétariat des champs doive sortir le plus éprouvé de la guerre, la crise de main-d'œuvre dont souffrait déjà la culture depuis plusieurs années deviendra si aiguë qu'il faudra bien remplacer autant qu'on le pourra les hommes par les machines. Celles-ci seront d'autant plus nombreuses, d'ailleurs, que les besoins de l'armée ayant multiplié à l'infini le nombre des moteurs et des tracteurs, il sera possible d'utiliser les uns et les autres pour les travaux des champs, en généralisant les transports automobiles et en affectant la force mécanique devenue disponible à la motion des machines agricoles qu'on sera amené à perfectionner et à diffuser de plus en plus.

On conçoit sans peine que ce développement du machinisme agraire aura comme conséquence la création d'une main-d'œuvre nouvelle pour la conduite et la réparation des appareils. Or les expériences déjà faites à ce sujet ont toutes démontré que la conduite aussi bien que les réparations d'une machine de culture sont compatibles avec un très grand nombre d'infirmités d'abord, et ensuite avec l'exercice, pendant l'hiver, d'un autre métier, comme celui de tailleur de pierres fines, fabricant de jouets, vannier, etc.

En orientant le soldat blessé vers les unes ou les

autres des professions dont nous venons de parler, qui toutes présentent à côté de l'avantage d'un placement assuré et de débouchés sûrs, cet autre avantage de pouvoir se pratiquer soit au foyer, soit au moins dans la région même dont l'homme sera originaire, on offrira à celui-ci un avenir plus séduisant que la perspective du travail à l'usine; de plus on combattra l'afflux vers les grandes villes, on enrayera le mal, dont nous avons tant souffert, de la désertion des campagnes, on restaurera, tout au moins en partie, l'activité industrielle des petits centres qui fit autrefois la richesse des vieilles provinces françaises. En ce sens les initiatives prises par plusieurs groupements régionalistes, notamment par la *Société des amis de l'art rustique* que préside M. de Danilowicz et par l'*Union féminine* avec le concours de M. M.-C. Poinsot, peuvent être excellentes. L'art rustique français, divers et multiple soit qu'il s'agisse de tissage, de meuble, de poterie, de cuir, est susceptible d'offrir à beaucoup de mutilés, à condition que l'intérêt du blessé ne soit pas sacrifié à celui du régionalisme, des travaux faciles et agréables et des situations relativement lucratives.

Si l'on ne veut même envisager que le seul intérêt de l'individu, on obtiendra en bien des cas ce résultat appréciable de transformer un paysan mutilé en un ouvrier des champs pendant l'été et un ouvrier du foyer pendant l'hiver, lequel trouvera facilement l'écoulement de ses produits industriels, surtout si on l'associe à une organisation de vente quelconque et notamment à une coopérative régionale de production.

## CHAPITRE VI

## VINGT MOIS D'EFFORTS DISPERSÉS

C'est évidemment la guerre qui a rendu si pressantes l'étude et la préparation des moyens propres à rendre au travail les victimes qu'elle fait en si grand nombre; mais il a bien fallu que quelqu'un prît le premier l'initiative de l'une et de l'autre. Il semble que ce quelqu'un ait été M. Édouard Herriot. On avait très probablement envisagé la question avant lui dans les milieux médicaux, techniques ou militaires. Mais c'est lui, incontestablement, qui a saisi l'opinion publique, mieux, qui a joint le premier l'action à la propagande : « Un à un, la guerre nous révèle nos nouveaux devoirs », écrivait-il dans le *Journal* du 23 novembre 1914, et il y a en germe, dans cet article, à peu près toutes les idées qui ont servi par la suite de directrices au développement de la rééducation. En même temps, presque jour pour jour, le sénateur-maire de Lyon jetait, dans sa ville, les bases de l'œuvre qui devait s'épanouir peu de mois après dans toute la France. Le 30 novembre, le conseil municipal approuvait la création d'une école professionnelle de blessés qui fut inaugurée, 4, rue Rachais, le 16 décembre suivant. Son succès fut tel qu'au printemps il fallut en ouvrir une seconde au domaine municipal de Tourvielle, dans la banlieue de Fourvière.

M. Herriot, du premier coup, avait choisi l'école comme moyen de la rééducation. Toute l'organisation communale lyonnaise, si fortement imprégnée de socialisme municipal, appelait ce choix. Des tendances contraires ont porté presque en même temps M. Maurice Barrès et ses amis vers une conception différente, celle de la rééducation à l'atelier patronal, sous les auspices et avec l'aide de la seule initiative privée, afin de garder la direction, non seulement de l'apprentissage, mais encore de l'apprenti. Car ce sont les articles de M. Barrès qui, sur les suggestions du Dr G. Michel, de la Faculté de Nancy, ont fait naître la *Fédération nationale d'assistance aux mutilés des armées de terre et de mer*. Si celle-ci, en effet, a bien été fondée à la suite des remarquables communications du Dr Borne, au sein de la Société de médecine publique, et sous la présidence du Dr Tuffier, il n'est plus question de M. Tuffier ni de MM. Mosny et Borne, lors de l'assemblée constitutive : c'est M. Barrès qui préside, et, s'il y a des avocats dans le bureau, on n'y voit plus de médecins.

Le rôle de la Fédération a été défini par son président de la façon suivante : « Le problème qui se posait devant nous était de compléter ce que l'État fait pour les grands blessés. L'État entend leur fournir à tous un appareil simple, essentiel, construit par série. Nous n'avons donc pas à le leur fournir. Ils l'ont par ailleurs, et du reste l'État ne nous permet pas de nous le procurer. Nous nous mettons à leur disposition pour leur faciliter l'apprentissage d'une profession compatible avec leur invalidité. Cet apprentissage se fait à nos frais, et, tant qu'il dure, nous assurons à l'apprenti une allocation quotidienne. En même temps notre service médical examine s'il y a lieu de lui fournir un appareil de prothèse perfectionné pour lui permettre d'exercer sa profession, et c'est muni de cet appareil que nous l'assistons dans la recherche d'un emploi »[1].

Depuis sa création, la Fédération nationale a recueilli près de deux millions, reçu l'adhésion d'une vingtaine de comités locaux d'assistance aux mutilés, subventionné des écoles et même ouvert des ateliers. Mieux encore, elle a été amenée à faire de ses propres ateliers du quai de la Râpée une véritable « école », tant les doctrines sont impuissantes à résister à la pression des nécessités de fait.

Pour avoir été moins connus du public, d'autres groupements n'ont pas fait moins de besogne.

Le plus ancien de tous, l'*Association pour l'assistance aux mutilés pauvres*, qui date de 1868, et dont le but était, jusqu'alors, presque exclusivement de fournir des appareils de prothèse aux victimes d'accidents du travail, a élargi son programme sous la direction de son président, M. Bourlon de Sarty. Dès les premiers mois de 1915, l'Association

1. Maurice Barrès, *Écho de Paris* du 6 juillet 1915. La Fédération a son siège social à Paris, 63, avenue des Champs-Élysées. Son bureau est ainsi composé : *Président d'honneur*, le général Pau; *Président*, M. Maurice Barrès; *Vice-présidents*, MM. Louis Barthou, Jean Buffet, Hebrard de Villeneuve, Herriot; *Secrétaire général*, M. Paul Souchon, professeur à la Faculté de droit.

s'est employée à faciliter la rééducation en même temps qu'elle créait un service de prêts aux blessés, auquel elle consacre une notable partie de ses ressources et pour lequel elle reçoit une subvention de l'État.

La même évolution s'est faite dans l'action de l'*Œuvre d'Assistance aux convalescents militaires*, dont le but initial était seulement d'aider au rétablissement complet des blessés sortant des hôpitaux. Elle aussi, sous l'impulsion de son directeur, Me Maurice Bernard, député, s'est intéressée à la rééducation. Elle a annexé à plusieurs de ses formations, notamment dans les XIVe et XVe régions, des centres spéciaux de mécanothérapie, de physiothérapie, et même de réapprentissage[1].

Au mois de novembre 1914, alors que les premiers grands blessés sortaient des hôpitaux et que leur situation n'était pas encore tout à fait réglée, ni leurs allocations liquidées, l'*Aide immédiate aux mutilés et réformés de la guerre* fut fondée pour offrir des secours en argent et en nature, un placement ou un apprentissage à ceux de ces soldats qui en avaient le plus besoin. En janvier 1916, elle avait ainsi secouru plus de 8 000 blessés, en avait placé plus de 1 000, et assurait à ses frais la rééducation de plus de 300. Elle avait, de plus, distribué 22 000 repas en moins d'un an à des nécessiteux. A son action elle a joint l'assistance aux

1. L'œuvre a été fondée par Mme la comtesse Greffulhe, *présidente*, Me Maurice Bernard, *directeur général*, et M. Pierre Dupuy, député *commissaire général*. Elle est officiellement rattachée par décision ministérielle au Service de Santé militaire et reçoit directement les blessés en congé de convalescence.

réformés tuberculeux pour lesquels elle a ouvert une *maison de cure*, rue du Château-des-Rentiers, et qu'elle envoie par la suite dans des sanotoria, à Verneuil-sur-Aire, à Davos ou à Cambo[1].

De la même époque — novembre 1914 — date le groupe des *Blessés au travail* dont l'objet est plus spécialement l'apprentissage ou le réapprentissage d'un métier facile et le plus vite possible rémunérateur aux convalescents et réformés militaires. Il a grandement travaillé à l'assistance de ceux-ci en organisant des ateliers à Dinard pour la fabrication des jouets, à la Maison-Blanche et à Paris pour la vannerie, les travaux en raphia, etc., et en ouvrant des magasins pour la vente des produits de ses protégés, notamment rue Édouard-VII et avenue des Champs-Élysées[2]. Il a des sections à Dinard, Bordeaux, Nantes, Caen, Tours, Moulins, Vichy, Salies de Béarn, Marseille, Nice et Pau.

Une association d'un genre particulier, parce qu'elle est composée uniquement de mutilés cotisants à l'exclusion de tous autres membres, a été créée par M. le général Malleterre, pour poursuivre le même but que les précédentes organisations. C'est l'*Association nationale des mutilés de la guerre* qui se propose de grouper ses membres en une sorte de grande famille, au sein de laquelle chacun d'eux

1. Le président de l' « Aide immédiate » est M. Puech, député, et son président d'honneur M. Paul Deschanel. L'action bienfaisante de l'œuvre est due surtout à l'activité de Mmes Camille Lyon, vice-présidente, et Barthez, secrétaire générale.

2. A la tête de ce groupe se trouvent Mmes Victor Augagneur et Eugène Simon, le général Niox, gouverneur des Invalides, et M. G. Calmès, préfet honoraire, directeur des journaux officiels. M. Marescal en est le secrétaire, et M. Mauduy le trésorier.

trouvera secours, conseils et réconfort. L'hôtel même des Invalides lui a donné asile tout comme s'il s'agissait d'une annexe de notre grand établissement d'assistance militaire. Son action ne s'est pas encore entièrement développée[1].

De même l'action de la *Société nationale de secours mutuels des mutilés et blessés de guerre* n'est encore qu'en période de croissance. Ses protagonistes tentent avec raison un essai de mutualisme, difficile en raison même des risques plus grands que courent les affiliés. Mais l'essai est intéressant et mérite d'être encouragé. Son but est d'assurer aux sociétaires des soins médicaux, des indemnités de maladie, d'accident, de funérailles, des secours annuels ou provisoires aux familles, une participation dans les frais de renouvellement des appareils, un office de placement, etc. Des débuts pénibles, à la fin de 1915, ont ralenti le développement de cet effort qui ne pourra donner normalement son plein résultat qu'après les hostilités[2]. Déjà cependant la Société a son journal : le *Journal des Mutilés*, dont les bureaux sont 18, rue Feydeau, que dirige un blessé, M. Georges Dyer, et qui se propose la défense des intérêts de ses lecteurs.

Nous n'avons parlé jusqu'ici que des groupements les plus connus. D'autres ont fait aussi d'excellente

1. Le président de l'Association est M. le général Malleterre, son vice-président le commandant Beslay, son secrétaire général le lieutenant Bertrand Faure, et son trésorier le sergent René Gompel.

2. La Société a pris pour devise : *Aide et Protection.* Elle a été fondée sous le patronage de l'*Union Nationale des cheminots* par MM. Olliviers et Georges Lerbourg et a son siège 25, rue Chapon.

besogne tout en ne s'occupant pas spécialement des mutilés et en étendant leur action à tous les blessés ou réformés.

Citons notamment : L'*Œuvre des réformés de la guerre et des soldats convalescents* dont le but est de recevoir, soigner, vêtir les réformés jusqu'à ce qu'ils soient capables de gagner leur vie, de subvenir aux besoins des convalescents, d'héberger les permissionnaires des régions envahies, de procurer des emplois aux blessés, et d'assurer la rééducation fonctionnelle aux mutilés dans la clinique et par les procédés très simples du docteur Crauck[1] ; — l'*Œuvre fraternelle des mutilés et convalescents militaires*, qui a le même objet, ou presque, que la précédente[2] ; — le *Foyer national des Mutilés de la guerre* ou *Œuvre des grands mutilés* qui s'occupe des inaptes définitifs et les reçoit notamment au château de Varey, dans l'Ain, prêté gracieusement par le comte de Rohan-Chabot ; — l'œuvre de Mme Amen qui fonctionne dans l'hôtel du comte Orlay de Carava ; — le *Foyer familial et du travail à domicile*, 14 bis, rue Saint-Georges, qui s'efforce d'assurer un logis aux mutilés ; — les *Mutilés associés*, 69, rue de Maubeuge, qui forment des voyageurs de commerce ; — l'*Association des amputés* et la section spéciale des Associations de la *Croix-Verte* appelée le *Gagne-pain des Mutilés* qui ne font que du placement, soit dans les administrations, soit chez les patrons ; d'autres encore, plus restreints ou plus locaux, qui ont

1. Fondateur : M. Clément-Geslin ; président : Charles Benoist.
2. Fondateurs : MM. Grizard, maire-adjoint du Xe arrondissement, et le contre-amiral d'Abnour.

complété un peu partout l'action de l'initiative privée.

L'amitié des neutres s'est manifestée dans ce domaine comme dans bien d'autres. L'*Union des colonies étrangères en France en faveur des victimes de la guerre*, qui groupe, sous la présidence de M. Shoninger, président honoraire de la chambre de commerce américaine, dix-huit colonies étrangères, a fondé au Grand-Palais, une école de rééducation professionnelle des blessés et mutilés de notre armée. C'est un internat dont les élèves, actuellement au nombre de 130, sont des soldats hospitalisés dans le grand-Palais même. L'œuvre est double : elle contient des ateliers et une section d'enseignement. Une seconde école semblable vient d'être ouverte à la Maison-Blanche.

Dans la plupart des départements se sont fondés des Comités d'assistance aux mutilés. Quelques-uns ont créé des écoles de rééducation. D'autres se sont associés aux tentatives des administrations locales ou des grandes associations dont il a été précédemment question. D'autres enfin, ont limité leur but soit à l'assistance soit au placement, par l'utilisation des ressources qu'ils ont trouvées sur place en argent ou en ateliers. Des associations dépendant de la Croix-Rouge, des œuvres entièrement indépendantes et de toutes sortes ont apporté leur contribution au mouvement commun et se multiplient chaque jour. Il faut enfin signaler l'initiative prise par le ministère de l'Intérieur en faveur des réformés n° 2, laquelle a abouti à la constitution, sous la présidence de M. Millerand, de la Société *La Protection du réformé n° 2*, dont le siège est 35, rue Boissy-d'Anglas.

Œuvres générales ou locales, toutes, ou presque, ont d'ailleurs sollicité le concours des pouvoirs publics, et même celles qui se sont montrées le plus jalouses de leur liberté d'action ont été obligées de faire appel, au moins pour l'équilibre de leurs budgets, à l'aide de l'État. Celle-ci ne leur a jamais fait défaut.

Le gouvernement a été le premier à encourager la rééducation par tous les moyens dont il dispose. Dès la fin de 1914, le ministère du Commerce se préoccupait d'adapter celles de ses écoles techniques qui pouvaient s'y prêter, au rôle nouveau qui devait être le leur, et, dès les premiers mois de 1915, il provoquait la réunion d'une commission préparatoire qui a ébauché les rudiments d'une action méthodique de l'État[1].

De son côté, le ministère de l'Intérieur, sur l'initiative de M. Brisac, directeur de l'Assistance et de l'Hygiène publiques, poursuivait l'essai d'une institution modèle de rééducation professionnelle à l'Asile des convalescents de Saint-Maurice et à l'annexe de cet asile, la fondation Vacassy. Le 25 mars M. Malvy, ministre de l'Intérieur, demandait à la Commission du budget de la Chambre, l'ouverture d'un crédit prévisionnel de un million, et le 6 avril il créait une Commission interministérielle, avec mission de régler l'organisation et le fonctionnement des centres

1. Cette commission, qui s'est réunie pour la première fois le 3 mars 1915 au ministère du Commerce, comprenait : MM. le Dr Bourrillon, directeur de l'Asile des convalescents de Saint-Maurice (Intérieur); le médecin-major Lequeux (Guerre); Numa Raflin, enquêteur à l'Office du Travail (Travail); Caillard, inspecteur général adjoint de l'Enseignement technique (Commerce); et Bittard, secrétaire.

professionnels destinés à la rééducation des blessés de la guerre, estropiés ou mutilés[1].

La commission a tenu une dizaine de séances en 1915 et deux ou trois en 1916. Elle a étudié la création d'environ vingt-cinq centres, non compris ceux que le ministère du Commerce a organisés par ses propres moyens, ni ceux qui ont été projetés par le ministère de l'Agriculture. Elle a recherché, sans parvenir à les trouver toujours, les solutions de quelques dificultés d'administration générale qui n'étaient cependant pas insurmontables à la condition d'envisager ces difficultés non pas en elles-mêmes, mais en fonction du problème général de la rééducation et du placement. Elle a varié souventes fois sur la question de la subsistance des mutilés et n'est arrivée qu'après quelques erreurs à un règlement

1. La Commission fut d'abord présidée par M. Jacquier, sous-secrétaire d'État à l'Intérieur. Sa composition a été modifiée à plusieurs reprises. Elle comprend à l'heure actuelle MM. Brisac, directeur de l'Assistance et de l'Hygiène publiques; Imbert, inspecteur général adjoint des services administratifs, le Dr Bourillon, directeur de l'Institut national professionnel des Invalides de la Guerre de Saint-Maurice, pour le *ministère de l'Intérieur*; Ténot, directeur de l'Enseignement technique, Gabelle, directeur du Conservatoire national des Arts et Métiers, Caillard, inspecteur général adjoint de l'Enseignement technique pour le *ministère du Commerce*; Lapie, directeur de l'Enseignement primaire, Idoux, chef-adjoint de cabinet du ministre, pour le *ministère de l'Instruction publique*; le Dr Pottevin, député, Numa Rafflin, enquêteur permanent à l'Office du Travail, pour le *ministère du Travail*; le médecin-major Brouardel, attaché à la 7e direction, le Dr Gourdon, médecin-major, directeur de l'école pratique et normale de rééducation professionnelle de Bordeaux, pour le *ministère de la Guerre*; le Dr Girard, médecin-chef, membre du Conseil supérieur de santé, pour le *ministère de la Marine*; Pion, chef du cabinet du ministre, pour le *ministère des Finances*; Chancrin, inspecteur général, pour le *ministère de l'Agriculture*; Eon, chef de bureau au ministère de l'Intérieur, *secrétaire*.

acceptable. Sur la question des rapports de l'État avec les œuvres privées, sur celle de l'utilisation et du placement des blessés rééduqués, sur celle des assurances contre les accidents du travail, elle a, par contre, adopté ou préconisé des mesures heureuses et aidé indubitablement les pouvoirs publics dans la préparation d'une œuvre nationale. Elle a, de plus, distribué en subventions, en général bien placées et judicieusement fixées, les crédits que le Parlement a mis à sa disposition par les lois de finances des 29 juin (500 000 francs), 14 août (200 000 francs), 28 septembre (300 000 francs) et 29 décembre 1915 (875 000 francs), et du 30 mars 1916 (875 000 francs)[1].

Mais le rôle d'un tel organe eût dû être plus important encore et s'élever jusqu'à l'étude d'un plan général de réalisations et à la préparation activement poussée de créations largement et pratiquement conçues, d'après des directions précises et sur des données très nettement arrêtées.

1. Chapitre 30 *bis* du budget du ministère de l'Intérieur : *Dépenses ayant pour objet la rééducation professionnelle des blessés de la guerre, mutilés et estropiés.* — Sur ce crédit, ont été imputées en 1915, jusqu'à concurrence de 692 869 francs, les subventions suivantes :

| | | | |
|---|---|---|---|
| Paris (St-Maurice).... | 140 000 fr. | Œuvre des mutilés de l'Aisne............... | 6 000 fr. |
| Paris (Reuilly)....... | 107 000 | Versailles............... | 2 000 |
| Paris (Office départemental)............ | 10 000 | Oran.................. | 5 000 |
| 15 Écoles du Ministère du Commerce....... | 111 362 | Orléans................ | 5 000 |
| 10 Écoles du Ministère de l'Agriculture..... | 50 000 | Marseille.............. | 10 000 |
| Bordeaux.............. | 80 000 | Antibes................ | 3 000 |
| Mâcon................. | 10 000 | Bayonne................ | 30 000 |
| Lyon.................. | 15 000 | Bourges................ | 15 000 |
| Limoges............... | 10 000 | Montpellier............ | 21 707 |
| Toulouse.............. | 3 000 | Rouen.................. | 30 000 |
| Pau................... | 8 000 | Tours.................. | 10 000 |
| | | Douvres-la-Délivrande.. | 10 000 |

Les municipalités des grandes villes, Marseille, Bordeaux, Toulouse, Montpellier, Clermont-Ferrand, Brest, les Conseils généraux, les Comités départementaux de l'Enseignement technique, les Comités régionaux d'assistance aux mutilés, les œuvres privées locales, ont fait de très louables efforts pour organiser des ateliers et des écoles. Ils n'ont eu de la Commission interministérielle que des subventions alors qu'ils en attendaient, ce qui n'est pas moins important pour le succès d'entreprises dispersées, une direction, des méthodes, des éléments et des règles d'organisation et d'administration. Parce que cela a fait en partie défaut, les efforts d'une année et demie n'ont abouti ni aussi vite ni aussi bien qu'on aurait pu le souhaiter.

L'opinion publique était, pourtant, dès le début, toute favorable à une action qu'elle n'eût à aucun moment trouvée exagérée. Le Parlement lui-même était aussi bien disposé qu'on peut l'être à l'endroit de la rééducation. Non seulement il n'a fait aucune objection aux demandes de crédits dont il a été saisi, mais encore il a voté sans la moindre opposition les projets concernant les blessés de la guerre, qui sont venus en discussion devant lui, qu'il s'agisse des emplois réservés ou des assurances contre les accidents du travail. Le labeur de ses commissions, et notamment celui de la Commission d'assurances et de prévoyance sociales de la Chambre, a porté longuement sur un grand nombre de propositions de lois ou de résolutions émanant de l'initiative parlementaire, et touchant à tous les détails, à toutes les faces du problème, secours, soins médicaux, fournitures orthopédiques, placement, assurances, organisation générale, etc., toutes propositions dont nous parlons à différents chapitres de cet ouvrage, la plupart, étudiées avec soin et qui eussent pu retenir utilement l'attention et l'examen de la Commission interministérielle, tandis qu'ils n'ont inspiré que des arrêtés ministériels isolés et parfois peu opportuns, comme nous aurons l'occasion de le voir.

Quelques justes critiques qu'on puisse adresser à ce qui a été fait jusqu'alors, quelques lacunes qu'on ait à déplorer, il serait injuste cependant de méconnaître que, malgré cela, des institutions très intéressantes ont pu être réalisées soit par les associations privées, soit par les départements ou les communes, soit par les ministères du Commerce, de l'Agriculture et de l'Intérieur. Il y a, aux premiers mois de 1916, une centaine de centres importants de rééducation professionnelle fonctionnant en France. Ce sont ces centres que nous allons examiner sommairement comme représentant la synthèse de ce qui a été fait chez nous, depuis vingt mois, en vue de l'apprentissage des blessés.

L'admirable mouvement de solidarité qui a transporté dès les premiers jours de la guerre l'union sacrée dans le domaine de la bienfaisance, a trop intimement mêlé l'action de l'initiative privée, celle des départements et des communes, et celle de l'État, pour qu'il soit possible de distinguer absolument les créations de l'une, des créations des autres. La distinction est d'autant plus difficile à faire, que, si l'initiative privée se retrouve, pour une part si minime soit-elle, dans presque toutes les organisations, elle n'a par contre presque rien réalisé sans l'aide pécuniaire des pouvoirs publics ou locaux. Si cependant, pour plus de clarté, il faut classer les écoles et ateliers, on ne peut le faire en vertu de règles absolues, mais seulement de façon toute conventionnelle et en n'envisageant que les principales caractéristiques de chacun d'eux. C'est ainsi que nous les placerons, soit parmi les créations de l'initiative privée, soit parmi celles des départements et des communes, soit parmi celles de l'État, en considérant seulement le plus souvent leur origine, leur budget ou leur administration.

# CHAPITRE VII

## LES CRÉATIONS DE L'INITIATIVE PRIVÉE

L'action de l'initiative privée dans le domaine du réapprentissage des blessés s'est exercée, nous avons eu l'occasion de le remarquer, de deux façons : par des associations anciennes ou nouvelles étendant leur sphère d'influence sur la France entière, soit directement soit au moyen de filiales locales, et par des groupements régionaux limitant leur objet à l'assistance et à la protection des seuls invalides de leur région. Souvent groupements et associations se sont rencontrés, ont uni leurs efforts et parfois même se sont plus ou moins liés par des adhésions qui ont permis d'heureuses collaborations pécuniaires, matérielles ou morales. De ces collaborations, comme des efforts isolés, sont nés des ateliers et des écoles de types fort divers et d'importance différente. Il n'est pas encore possible de faire de ces institutions un tableau complet et définitif; mais l'essentiel est de donner une idée exacte du rôle de l'initiative privée en examinant les principales de celles qui fonctionnent à l'heure actuelle à Paris et dans les départements.

## PARIS

A Paris, la rééducation professionnelle est dispensée par l'initiative privée dans les centres suivants :

L'*École de la Fédération nationale des Mutilés*, 28, quai de la Râpée, ouverte en juillet 1915, avec des ateliers de cordonniers et de tailleurs et des cours de comptabilité pour 80 mutilés, elle est dirigée par des congréganistes laïcisés. Les élèves y ont chacun leur chambre et y jouissent d'une liberté relative.

Les *Ateliers des Chambres Syndicales*, fondés et dirigés par M. Kula, 51 bis, rue des Épinettes, avec le concours des chambres syndicales des tailleurs, cordonniers, ferblantiers, mécaniciens, et dans les locaux mis à leur disposition par la « Société pour le développement de l'apprentissage ». Ils peuvent rééduquer 130 élèves cordonniers, tailleurs, ferblantiers, serruriers ou mécaniciens qui reçoivent de différentes associations d'assistance des allocations s'élevant jusqu'à 5 fr. 70 par jour.

L'*École Rachel*, 140, rue de Bagneux, à Montrouge, dirigée par M. Léonard Rosenthal, ouverte en novembre 1915 et disposant de 100 places pour externes seulement. Elle forme des électriciens, des outilleurs, des ajusteurs, des ajusteurs de précision. Les élèves reçoivent une allocation de 3 fr. 50 de l' « Aide immédiate ».

L'*École d'apprentissage*, 5, rue de la Durance, créée par la Société d'assistance par le Travail l'*Atelier* (directrice : Mme David Weill; contremaître : M. Dybowski), pour enseigner l'industrie du meuble, l'ébénisterie, la menuiserie, le vernissage, et plus particulièrement aux mutilés des bras. Les élèves reçoivent une allocation de 3 francs de l' « Aide immédiate ».

L'*Ecole professionnelle pratique* de la Chambre syndicale de la *bijouterie fantaisie*, 25, rue Chapon, se proposant de former, avec des mutilés des jambes principalement, des spécialistes bijoutiers dont elle assure le placement à la fin de l'apprentissage. Les élèves, venus d'un peu toutes les professions simplement manuelles, y font montre très rapidement d'un goût sûr et d'un doigté surprenant.

Les *Cours de rééducation* de la « Maison du soldat du XIIIe arrondissement », fondés par MM. Gaston Roussel, chef-adjoint du cabinet du ministre du Travail, et Ch. Quillard, inspecteur de l'Enseignement technique, et rattachés à l'Institut de Saint-Maurice. Ils font, 47, rue Jenner, des mécaniciens agricoles, et, chez divers industriels de l'arrondissement, des ouvriers pour un grand nombre d'autres industries.

L'*Atelier de soufflage du verre*, 4, rue Gît-le-Cœur, et 9, rue de l'Éperon, dans lequel les mutilés ayant conservé la dextérité de leurs mains apprennent le soufflage d'appareils en verre, notamment pour les laboratoires. Une canalisation d'air comprimé a supprimé les souffleries à pédales trop fatigantes pour les élèves. Ceux-ci reçoivent une allocation de l' « Aide immédiate » et touchent une partie du produit de leur travail. L'apprentissage, qui convient surtout aux sujets possédant une grande dextérité, dure de trois à six mois et conduit à des salaires qui peuvent atteindre 10 francs par jour, la profession pouvant être pratiquée à domicile.

L'*École de pelleterie*, ouverte à Montreuil-sous-Bois, 9, rue Kléber, dans les établissements Chapal, pour la formation de *tireurs de peaux*. Le travail se fait assis. L'apprentissage dure de trois à six mois ; si l'apprenti a moins de 25 ans, il peut arriver à gagner de 8 à 12 francs par jour.

L'*Atelier de jouets d'art*, organisé sous les auspices de l' « Union centrale des Arts décoratifs », 2, avenue Montespan, pour la fabrication, notamment par des mutilés des bras, de jouets en bois, découpés, sculptés et peints. La tentative est analogue à celles de Lyon et de Clermont, mais les élèves sont poussés à devenir de véritables artistes pouvant servir de moniteurs dans les autres écoles.

L'*École d'orfèvrerie*, 2, rue de la Jussienne, formant en six mois, avec des mutilés des jambes, des ouvriers pour la série, susceptibles de gagner de 8 à 10 francs par jour.

L'*Atelier de fabrication de tapis*, installé au lycée Carnot par la Société « l'Art et la Femme », enseignant aux mutilés des bras (40 places) l'exécution à l'aiguille des tapis de laine, suivant un procédé de fabrication breveté qui permet d'obtenir des tapis sans envers. Les mutilés peuvent apprendre également le travail de l'étain repoussé et la fabrication de l'article de Paris.

L'*Atelier d'art des mutilés de l'armée*, créé à Auteuil, 91, rue Boileau, par un fonctionnaire des postes, M. Brunet, auquel on doit déjà l'invention d'un appareil permettant d'écrire sans main et d'une pince légère en aluminium. Les mutilés y peuvent apprendre le travail du cuir, du cuivre, de l'étain repoussé, et la fabrication des grès artistiques.

En dehors de ces ateliers ou écoles, les associations d'assistance assurent chez des industriels l'apprentissage de nombreux blessés dans les professions les plus variées. C'est ainsi, par exemple, que l' « Aide immédiate » forme des *linotypistes*, 29, rue d'Enghien (apprentissage de 3 à 4 mois, gain de 11 à 12 francs par jour, de 12 fr. 50 à 15 francs par nuit); des *photographes*, des *retoucheurs*, des *aides-opérateurs*, des *tireurs*, à la photographie Sartony (apprentissage convenant aux manchots, gain moyen de 120 à 300 francs); des *fabricants de jouets*, 11, rue Gracieuse; des *batteurs d'or* (apprentissage d'un an, gain de 8 à 10 francs); des *batteurs d'argent* (apprentissage de 3 mois, gain de 5 à 6 francs); des *relieurs*, 71, rue Coëtlogon (apprentissage de 6 mois; gain de 1 franc l'heure pour les relieurs, de 1 fr. 50 pour les doreurs); des *bourreliers-selliers*, 81, rue Pierre-Picard; des *chauffeurs d'auto*, à la Cie des Petites Voitures, place du Théâtre-Français (apprentissage de deux mois, gain de 7 à 10 par jour); des dentistes avec l'aide de l'École dentaire de Paris; et enfin des *employés de banque*, de *contentieux*, d'*administrations privées*, par l'intermédiaire de l' « École de législation professionnelle », 16, rue de l'Abbaye, dont les cours conviennent surtout aux mutilés possédant déjà une certaine instruction et qui, pour une raison ou pour une autre, ne peuvent entreprendre un apprentissage purement manuel.

De même, la société « Les Blessés au Travail » fait l'apprentissage des mutilés qui s'adressent à elle, dans ses ateliers de la Maison-Blanche, de la rue de la Folie-Méricourt (*travaux en raphia*), des rues Dosne et Dumont-d'Urville (*vannerie et jouets*), et la « Fédération nationale d'Assistance aux Mutilés » a ouvert des cours de *comptabilité* et de *sténo-dactylographie* à l'école Pigier, 23, rue de Turenne, et de *préparation aux emplois administratifs*, à l'Institut Saillard, 5, rue Paul-Louis Courrier, et donne son patronage à l'œuvre de préparation de la fabrique du jouet organisée par M. François Carnot, à l'initiative de Mme Amen concernant la fabrication des tapis, au soufflage du verre, de M. Marcel Hirsch, etc.

Enfin l'*Union des Colonies étrangères en France en faveur des victimes de la guerre*, a installé au Grand-Palais où M. Justin Godart l'a tout récemment inaugurée, une école de rééducation professionnelle qui enseigne la sténo-dactylographie, la comptabilité, le dessin industriel, l'anglais, la petite mécanique, le montage électrique, la menuiserie, l'ébénisterie, la serrurerie, la cordonnerie, la sellerie, la bourrellerie, la coiffure en postiches et l'industrie des vêtements pour hommes et dames. Les hommes qui travaillent dans ces différents ateliers reçoivent une rétribution de 15 centimes l'heure, et lorsqu'ils commencent à produire, on leur remet le prix de leur travail, une fois déduit le coût des matières premières. Une annexe va être ouverte pour internes quai Debilly et sera destinée au perfectionnement professionnel des mutilés qui manifesteraient le désir de pousser plus loin l'apprentissage commencé au Grand-Palais. Le caractère de cette œuvre a été défini par M. Shoninger, son président, lors de l'inauguration : « Nous ne négligerons rien pour assurer satisfaction à ces héroïques blessés de la guerre qui ont donné des preuves inoubliables de leur patriotisme. Nous trouvons en eux des citoyens dignes de cette France qui, de tout temps, fit rayonner des idées généreuses et propagea la plus haute civilisation du monde, mais qui, aujourd'hui plus que jamais, est universellement admirée pour la bravoure de ses soldats et la dignité sublime de tout son peuple. Et c'est pourquoi nous voulons les aider à reprendre la place qui leur revient dans la société française ».

## DÉPARTEMENTS

En province, il y a peu de grandes villes qui n'aient leur école ou leurs ateliers de réapprentissage. Nombreux, nous le verrons, sont les centres organisés soit par les municipalités et les départements, soit par l'État. D'autres l'ont été par des associations privées, comités d'assistance aux mutilés ou groupements généraux comme l' « Assistance aux Convalescents militaires », l' « Union des Femmes de France », etc.

Dans chaque département, dès les premiers mois de la guerre et presque toujours sur l'initiative des Comités départementaux de l'Enseignement technique, des Comités se sont formés dans le but de venir en aide de toutes les façons aux mutilés de la guerre. Au nombre de soixante environ, ils ont partout aidé à l'organisation des écoles officielles dont nous parlerons aux chapitres suivants. Certains n'ont pu qu'émettre des vœux ou se consacrer à l'assistance pure ou au placement; il en est au contraire qui ont fait œuvre de rééducation, soit directement, soit en prêtant leur concours à d'autres initiatives.

Parmi ceux de la première catégorie, il faut citer les comités de l'*Ain*; — du *Cantal*, qui a organisé chez les patrons l'apprentissage de l'industrie des galoches et des parapluies, à Aurillac et dans les environs; — de la *Corrèze*, qui s'est efforcé de placer des mutilés à la manufacture d'armes de Tulle et d'en faire utiliser dans les fabriques de papier de paille de la région; — de la *Creuse*, qui a tenté le placement d'un certain nombre de blessés dans le département, mais qui n'a pas su voir au delà et notamment le parti que l'on pouvait tirer de l'École pratique d'industrie de Felletin, bien que j'aie pris moi-même la peine d'indiquer de façon très précise la judicieuse utilisation qui pouvait être faite de cet établissement[1]; — des

1. « Dans l'effort général, chaque province française a sa part. On a justement compris qu'il fallait profiter de cette rééducation de tant d'activités pour tenter la renaissance non moins utile, non moins intéressante, des industries du foyer, des industries locales....

« Il y a quelques-uns de ces métiers dans notre Creuse. Il y en a d'autres qu'on y pourrait, qu'on y devrait importer. Un mutilé des jambes peut faire un sabotier, un tailleur de diamants, un dessinateur en tapisserie, voire un tailleur de pierres, métiers creusois par excellence. Et il peut apprendre tous ces métiers, ou presque, à l'École pratique, en pleine prospérité, que nous possédons à Felletin....

« Nos mutilés creusois doivent donc être rééduqués à Felletin. Ils doivent, s'il est possible, y être rééduqués dans les professions qu'enseignent les diverses sections de l'École pratique. Je crois même qu'il serait bon, qu'il serait avisé, de donner à la plupart une profession qui serait susceptible de doter notre région d'une industrie tout à fait intéressante : l'industrie des pierres fines.

« L'École possède — sur le papier, c'est déjà quelque chose — une section de taillerie de diamants. La taille du diamant est creusoise, d'importation récente. Elle alimente une centaine d'ouvriers et en occuperait bien plus... s'il y en avait. On pourrait en faire avec des mutilés. Mais si le métier de diamantaire est assez difficile, et en tout cas subordonné aux employeurs pari-

*Deux-Sèvres*, qui a proposé d'affecter à la rééducation les cours professionnels de la ville de Niort; — de l'*Ille-et-Vilaine*, auquel on doit la mise en apprentissage d'un certain nombre de blessés dans les industries de la région (brosserie, confection d'effets militaires, cordonnerie); — de la *Loire-Inférieure*, — de la *Mayenne* — et de la *Sarthe* qui ont organisé un service de placement avec le concours des chambres

siens, celui de tailleur de pierres fines — son frère — est au contraire facile et libre.

« Notre Plateau Central est une mine de pierres de ce genre ; les cristallisations de nos terrains primitifs sont riches en colorations diverses, et tout le monde connaît entre autres l'améthyste d'Auvergne que l'on trouve non seulement à Royat, mais aussi chez nous, dans le dyck quartzeux d'Evaux-Saint-Maurice où elle voisine avec l'or. On fait un grand commerce de ces pierres faciles à tailler, d'un rendement avantageux, qu'on extrait sans peine en quantités suffisantes pour alimenter une industrie dont la prospérité ne cessait de croître, avant la guerre... en Allemagne.

« Oui, les Allemands nous avaient supplanté là aussi. C'étaient eux, à Neubourg, à Dresde, à Leipzig, et les Autrichiens, à Vienne, qui travaillaient toute ou presque toute la pierre d'Auvergne pour des maisons très françaises qui vendaient ces produits comme provenant de l'industrie auvergnate. Cela ne peut plus être maintenant. Les quelques centaines d'Allemands qui vivaient de ce travail devront céder la place à des Français, parmi lesquels nous voudrions qu'il y eût beaucoup de creusois — et le plus possible de mutilés.

« Que faut-il pour cela? Peu de chose : l'installation d'une section spéciale à Felletin, soit un professeur, quelques meules de bronze, d'émeri de carborundum, un outillage peu compliqué. Cela peut s'obtenir du ministère du Commerce qui ne demande qu'à encourager de telles initiatives et qui dispose des quelques billets bleus nécessaires, pourvu que la ville loge les élèves et qu'un accord intervienne entre les organisations locales et l'État pour assurer leur subsistance. La matière première est, peut-on dire, à portée de la main. Les débouchés attendent. L'occasion est admirable de doter notre Creuse d'une industrie prospère, de doter le plus possible de mutilés d'un métier propre à exercer au foyer, et de nature à assurer la dignité de leur vie. »

(*Courrier de la Creuse*, 1er décembre 1915.)

de Commerce; — de la *Savoie,* qui a organisé des cours à l'École primaire supérieure d'Aix; — de *Saône-et-Loire,* qui, sous la direction du regretté M. Dubief, député, ancien ministre, a constitué dans toute la région des groupements locaux par lesquels il assure la répartition des mutilés dans les nombreuses usines de l'Est.

Au nombre des comités de la seconde catégorie, on ne peut guère compter que ceux du Doubs, du Gard, du Gers, de Loir-et-Cher, de Meurthe-et-Moselle, de la Haute-Savoie, de Seine-et-Oise, de la Seine-Inférieure et du Tarn.

Dans le *Doubs,* le comité a ouvert des ateliers d'horlogerie à Besançon et à Montbéliard, et, d'accord avec les œuvres privées du Jura, a placé des blessés chez les diamantaires et les pipiers de Saint-Claude.

Dans le *Gard,* le comité a obtenu de la ville de Nîmes un vaste local, rue Colbert, dans lequel il donne asile à 40 pensionnaires qui font l'apprentissage des métiers de tailleur, de cordonnier, de menuisier et de sténo-dactylographe.

Dans le *Gers,* le comité a créé à Auch une œuvre pour l'apprentissage de certains métiers agricoles à environ 30 mutilés.

En *Loir-et-Cher,* le comité a créé une école à *Blois* pour un grand nombre de métiers et a constitué un service de placement.

En *Meurthe-et-Moselle,* le comité de *Nancy,* qui groupe MM. Jean Buffet, Houot et le Dr Michel, a commencé la rééducation professionnelle des blessés de la région dans un immeuble dépendant des hospices civils, avec le concours de l'État et de la Fédération nationale des mutilés.

Dans la *Haute-Savoie*, une école a été ouverte à *Annecy* pour la formation de secrétaires et employés de mairie et pour l'apprentissage de la cordonnerie.

En *Seine-et-Oise*, des ateliers ont été organisés à *Versailles* en même temps que le placement direct.

Dans la *Seine-Inférieure*, l'œuvre de *Rouen*, rattachée à la Chambre de Commerce, a ouvert dans les locaux de l'école primaire de filles, un centre de 150 places pour l'apprentissage des métiers de tailleur, cordonnier, ferblantier, vannier, horloger, avec des cours d'enseignement général.

Dans le *Tarn*, l'œuvre d'*Albi*, également rattachée à la Chambre de Commerce, a organisé des cours d'enseignement général, de dactylographie, de comptabilité, et fait le placement direct chez les patrons pour divers autres métiers manuels.

On doit à la société d' « Assistance aux Convalescents militaires » trois créations intéressantes, à Limoges, à Tours et dans l'Isère.

A *Limoges*, le centre de rééducation a été établi à l'École pratique de Commerce et d'Industrie sous la direction du Directeur de l'École, avec le concours de la municipalité et de la Chambre de Commerce. Il dispose de 160 places réparties entre les cours suivants : enseignement général, sténo-dactylographie, dessin industriel, électricité, photographie, menuiserie, cordonnerie, métier de tailleur.

A *Tours*, le centre de rééducation a été installé dans une splendide propriété, à Saint-Cyr-sur-Loire, et peut recevoir 100 pensionnaires. On n'y donne que des cours d'enseignement général, et l'apprentissage du métier de fourreur et de l'horlogerie. Mais les élèves qui le désirent sont placés chez les patrons des environs où ils peuvent apprendre le métier de leur goût. Certains sont même placés dans les fermes avoisinantes en vue de leur réapprentissage agricole.

Dans l'*Isère*, le comité régional de l'A. C. M., avec l'aide du Conseil général, rééduque les mutilés du département dans ses trois formations de Saint-Egrève, la Suisse et Voiron.

L'« Union des Femmes de France » a institué deux écoles, à Antibes et à Oran. L'école d'*Antibes* peut admettre 40 élèves. Elle a été ouverte le 1er décembre 1915, à la villa Beauregard et donne l'apprentissage de la vannerie, de l'horticulture, de l'arboriculture, de la malleterie, de la maroquinerie, de la cordonnerie et de la dactylographie. L'école d'*Oran* comprend des cours de cordonnerie, sellerie, reliure, menuiserie, orthopédie, comptabilité, coupe et confection de vêtements, pour 75 internes et 75 externes.

La « Fédération nationale d'Assistance aux mutilés » s'est plus particulièrement préoccupée de la rééducation agricole : elle a ouvert deux écoles, celle de Sandar à *Limonest*, près de Lyon, qui fonctionne sous les auspices de l'Union des Syndicats agricoles du Sud-Ouest et donne des résultats très satisfaisants, et celle de *Beauvais*, fondée avec le concours de la Société des Agriculteurs de France pour la formation d'ouvriers ruraux.

Parmi les autres créations de l'initiative privée

citons encore : l'atelier pour la fabrication des jouets de la société « Les Blessés au Travail », à *Dinard*; les cours de la « Société d'Enseignement professionnel » à *Lyon*; l'apprentissage de certains métiers du fer fait aux établissements Japy, à *Belfort*; l'apprentissage du « clissage » des bouteilles à *Rive-de-Gier*; l'utilisation par la « Société technique du gaz en France », dans les différentes usines, des mutilés faisant déjà partie de leur personnel, et qui à peu près tous ont repris leur emploi ou des emplois nouveaux, compatibles avec leurs infirmités.

Enfin, des tentatives sont proposées qui peuvent donner des résultats : par exemple la rééducation agricole des blessés algériens à l'école professionnelle de *Dellys*, le placement, que préconise notre Résident général à *Tunis*, de nombreux mutilés dans les industries locales du Protectorat, comme la sparterie en alfa, en palmier ou en jonc, la fabrication des malles, corbeilles, engins de pêche, nattes, balais de sorgho, la préparation des emballages en bois léger, etc.

## CHAPITRE VIII

### LES CRÉATIONS DES MUNICIPALITÉS ET DES DÉPARTEMENTS

« Nous avons voulu rendre au commerce, à l'industrie, à la vie de famille, non seulement des hommes suffisants, mais des hommes modèles, compensant par l'accroissement de leur valeur professionnelle, de leur valeur intellectuelle, de leur valeur morale, la réduction physique dont ils sont atteints. Y sommes-nous parvenus? Nous le pensons. »

Ainsi parle M. Herriot de l'heureuse et féconde expérience qu'il a tentée et réussie à Lyon, et l'on ne pouvait mieux définir en quelques mots les caractères et les résultats de la première œuvre municipale française de rééducation professionnelle des invalides de la guerre. Les deux écoles de blessés de la rue Rachais et de Tourvielle ont été et demeurent encore des modèles dont on ne saurait dire trop de bien : elles ont rempli exactement le rôle qui leur était proposé; elles ont provoqué une bienfaisante émulation; elles ont eu tout le succès qu'elles méritaient.

C'est dans un vieil hôtel à tourelles, ancienne « folie » du XVIIIe siècle, le château de la Buire,

41, rue Rachais, que M. Herriot installa, le 16 décembre 1914, ses premiers protégés sous la direction d'un technicien belge de première valeur, M. Basèque, secrétaire général de l'Université du Travail et de l'École provinciale du Hainaut. On commença par y faire des comptables, des tailleurs, des cordonniers. Bientôt trop petite, la nouvelle école dut se dédoubler. Au commencement de 1915, une annexe fut ouverte aux portes de Lyon, dans le domaine de Tourvielle, derrière le coteau de Fourvière, où l'on éleva des ateliers parmi les potagers et les prairies de cette vaste propriété de sept hectares, et où de nouvelles sections furent organisées sous la direction de M. Hirchfeld, bibliothécaire du Sénat. Il y a 100 élèves à la Buire, plus de 200 à Tourvielle.

Le régime des écoles de Lyon est l'internat. Les militaires qui y sont admis reçoivent de la ville une allocation quotidienne de 1 fr. 25, au lieu de l'allocation ordinaire de 1 fr. 70 que le ministère de la Guerre paie double (3 fr. 50 par jour et par homme) à la municipalité sous forme de subvention. On leur distribue en outre des primes de travail qui varient de 15 à 25 francs par mois. L'enseignement comprend la comptabilité, la papeterie, le brochage, la reliure, la cordonnerie, le métier de tailleur, la petite menuiserie, la fabrication des jouets, l'orthopédie, la télégraphie sans fil et l'horticulture.

Les deux innovations intéressantes faites à Lyon sont l'apprentissage du métier de fabricant de jouets et l'enseignement de l'horticulture. Le jouet, en dehors de la production limitée de Lunéville, est un article essentiellement allemand, alors qu'il devrait être avant tout un produit du bon goût et de l'esprit français. Sa fabrication, d'autre part, permet d'utiliser les ouvriers même les moins experts et, parmi les mutilés, jusqu'aux manchots. Très vite, la section des jouets de l'école de Lyon a pris une belle extension, et l'exemple a été suivi ailleurs, à Clermont-Ferrand notamment, comme nous le verrons plus loin. Quant à l'horticulture, elle offre cet avantage de rapprocher de la terre les blessés ruraux qui n'y peuvent plus retourner comme cultivateurs. Les jardins de Tourvielle se prêtaient merveilleusement à un tel enseignement. Il y est donné de façon méthodique, en même temps que celui du jardinage et de l'arboriculture. Chaque élève a, de plus, son carré personnel qu'il cultive à son gré.

Les deux écoles sont complétées par un bureau de placement : ce bureau, non seulement procure du travail à leurs élèves, mais encore sert d'intermédiaire entre les commerçants et industriels de la région qui cherchent de la main-d'œuvre et les blessés ou convalescents en dépôt à Lyon qui sont susceptibles d'en offrir.

L'initiative de M. Herriot, en tant qu'initiative municipale, a été suivie avec ou sans le concours des départements, de l'État et de l'initiative privée, par Bordeaux, Montpellier, Bayonne, Brest, Lorient et Pau.

A l'encontre de ce qui a été fait à Lyon, l'œuvre de Bordeaux a été réalisée sur un projet du Comité départemental de l'Enseignement technique, par la municipalité, dans un immeuble dont elle disposait, avec l'aide des ministères de l'Intérieur et du Commerce, du Service de Santé, du Conseil général et de la Chambre de Commerce de la Gironde. Elle affecte un caractère tout particulier : c'est à la fois une école *normale* et une école *pratique*, en ce sens qu'elle a pour but l'apprentissage des blessés de la guerre et la formation d'ouvriers d'élite sélectionnés parmi ces derniers et destinés à devenir contremaîtres ou instructeurs dans les autres centres de rééducation.

L'école est rattachée administrativement et budgétairement à la commune de Bordeaux, et placée sous la double direction de M. le Dr Gourdon, dont on sait la compétence en matière de médecine orthopédique, et de M. Lopes-Diaz, inspecteur régional de l'Enseignement technique, dont le dévouement aux institutions d'apprentissage n'est pas moins connu. Elle peut recevoir 200 élèves, auxquels sont ouverts une section commerciale et des ateliers pour le travail du bois et du fer, pour la reliure, la cordonnerie, la vannerie, la fabrication des espadrilles, et l'apprentissage des arts plastiques.

Il va sans dire que l'action de l'école en ce qui concerne la formation des contremaîtres ne pourra être envisagée que lorsque la rééducation élémentaire aura permis d'obtenir des sujets suffisamment préparés. Dès maintenant cependant, le corps enseignant se préoccupe de rechercher les meilleures méthodes de rééducation et de perfectionner celles qu'il emploie; de mettre au point les modifications d'outillage que peut comporter chaque genre de mutilation; d'étudier, dans un atelier spécial créé par le Service de Santé militaire, les améliorations à apporter tant dans la conception que dans la fabrication des appareils prothétiques et orthopédiques. Il faut souhaiter que ce rôle particulier de l'école de Bordeaux prenne toute l'importance désirable; car le progrès de la rééducation professionnelle dépend en grande partie des résultats qu'il donnera.

L'*École de Montpellier* a été fondée par l'œuvre régionale des Mutilés de la guerre, avec le concours de la municipalité et l'aide des départements voisins. Elle est rattachée aux hospices de la ville et placée sous la direction médicale de MM. Jeanbrau et Estor, professeurs à la faculté de médecine, et technique de M. Dronsart, secrétaire des Écoles provinciales professionnelles du Tournaisis (Belgique). Ouverte le 2 août 1915, elle dispose de 200 places pour l'apprentissage de la cordonnerie, de la menuiserie, du tournage du bois, de l'ajustage, de la mécanique, du dessin industriel, de l'orthopédie, des métiers de tailleur et bourrelier. Les élèves peuvent suivre en outre des cours d'enseignement général d'écriture gauchère, de comptabilité et de sténo-dactylographie. Le régime de l'école est l'internat.

L'*École de Bayonne* a été créée par délibération du conseil municipal du 18 juillet 1915, sur la proposition de M. Garat, député-maire. Elle fonctionne avec le concours de l'État et l'aide de l'initiative privée, dans deux immeubles communaux où ont été ouverts des ateliers pour la menuiserie, la fabrication des jouets et des chaises (y compris le rempaillage et le rotinage), la fabrication des espadrilles, des sandales et des sabots, la vannerie, la brosserie, la photographie et la comptabilité générale. Un certain nombre d'élèves sont placés chez des cordonniers, bourreliers et orthopédistes de la ville, et tous peuvent suivre des cours de comptabilité et d'enseignement général. L'école dispose de 200 places et d'une section spéciale pour les aveugles.

L'*École de Brest* a été ouverte dans les derniers mois de 1915, par la municipalité, avec le concours du département et du ministère du Commerce, dans les locaux de l'École pratique de Commerce et d'Industrie et sous la même direction. Elle peut recevoir 150 internes et une cinquantaine d'externes auxquels elle apprend les métiers de tourneur sur bois, menuisier, chaudronnier, ferblantier, ajusteur, tailleur, cordonnier, sellier-bourrelier, dessinateur, horloger, comptable et sténo-dactylographe.

L'*École de Lorient* a été inaugurée le 14 mars dernier par M. Nail, sous-secrétaire d'État à la Marine marchande, député de la circonscription. Elle est due à la collaboration du département et de la municipalité, et dispose de 50 places d'internes et d'un certain nombre de places d'externes appelés à suivre, chez les patrons de la ville, l'apprentissage des professions non enseignées à l'école. Elle se propose de former des bourreliers, des cordonniers, des tailleurs, des relieurs, brocheurs et cartonniers, des sabotiers, des ébénistes, des sculpteurs sur bois, des peintres en voiture, des tailleurs de pierre, des horlogers et des comptables.

L'*École de Pau* est due à l'initiative du préfet, mais fonctionne sous les auspices de la municipalité, auprès de l'Institut de mécanothérapie, lequel dispose de 150 lits. Elle fait l'apprentissage des industries du fer et du bois, de la peinture, de l'imprimerie, de la cordonnerie, du métier de tailleur, et donne l'enseignement de la comptabilité commerciale.

Ailleurs ce sont, au contraire, les préfets ou les conseils généraux qui, toujours au surplus avec l'aide des municipalités, de l'État et de l'initiative privée, ont provoqué la création des centres de rééducation que nous considérerons en conséquence comme départementaux. Tels sont :

L'*École de l'office départemental de la Seine*, rue et place du Puits-de-l'Ermite, à *Paris*, ouverte en novembre 1915 par l' « Office départemental des Mutilés » dont le président est M. Deville. Elle peut former des cordonniers, des tailleurs, des bourreliers, des menuisiers, des vernisseurs, des fondeurs de caractères, des litho-typographes, des photographes, des photograveurs, des mouleurs-stucateurs, des relieurs, des cartonniers, des soudeurs à la lampe, des emballeurs, des dessinateurs industriels, des géomètres, des arpenteurs, des comptables, des employés de bureau, des sténo-dactylographes; métiers pour l'apprentissage desquels elle dispose de 200 places.

L'*École de Bourges* a été organisée, place de la Pyrotechnie, dans les locaux de l'hôpital-dépôt de convalescents Lariboisière, par un groupe de médecins, avec le concours des autorités civiles et militaires, puis ouverte grâce aux subventions de l'État et du département. Avec un personnel de 28 professeurs, elle assure l'apprentissage à 130 mutilés (200 places) dans les professions suivantes : dactylo-sténographie, dessin industriel, dessin de dentelle, dessin ornemental, électricité, comptabilité, emplois de commerce, lithographie, typographie, coupe et confection des vêtements, vannerie, cannage et rempaillage, sculpture sur bois, cordonnerie, saboterie, coiffure, menuiserie, tapisserie-matelasserie, horlogerie, savonnerie, tournerie sur bois, peinture artistique, reliure. Un cours d'enseignement général est ouvert à tous les élèves qui peuvent également apprendre la musique. Une section agricole a été créée dans un terrain départemental, sous la direction du Directeur départemental des services agricoles, pour le réapprentissage des mutilés ruraux dans toutes les professions des champs. Le régime est l'internat, avec facilité pour les élèves originaires de Bourges de loger en ville.

L'*École de Toulouse*, rattachée au département, a été fondée par un comité privé avec l'aide de la Chambre de Commerce et de la municipalité. Elle fonctionne dans les locaux et avec le concours des professeurs de l'École supérieure de Commerce, depuis avril 1915, et enseigne la cordonnerie, la petite menuiserie, la saboterie et la vannerie. Des cours d'enseignement général, de comptabilité, de sténodactylographie sont plus spécialement faits par les professeurs de l'École supérieure de Commerce. L'école peut recevoir 40 mutilés.

L'*École d'Orléans*, est due à l'initiative de M. le député-maire Rabier et fonctionne, comme à Bourges, avec les subventions de la municipalité, du département et de l'État. Elle dispose de 80 places pour l'apprentissage des métiers de tailleur, cordonnier, brossier, soudeur, brocheur, bourrelier, orthopédiste, mécanicien dentaire, pelletier, typographe, teinturier, menuisier, coiffeur, chaisier, et pour l'enseignement de la comptabilité.

En annexe à cette école, fonctionne, sous la direction de Mme Chassot, un service subventionné de placement agricole pour les mutilés du dépôt de convalescents d'Orléans.

L'*École de Nevers*, rattachée au département, peut admettre 100 mutilés auxquels elle offre l'apprentissage, dans ses locaux, des métiers de tailleur, cordonnier, bourrelier, sellier, vannier, menuisier, ébéniste, tourneur sur bois, tapissier, coiffeur, comptable et sténo-dactylographe, et, dans des ateliers privés, de tourneur sur métaux, ajusteur, fraiseur, décolleteur, typographe, lithographe, relieur, faïencier, peintre sur faïence, horloger, bijoutier, cuisinier et confiseur. Elle admet des internes et des externes.

L'*École de Saint-Étienne* est une œuvre essentiellement départementale, créée par le préfet de la Loire, avec le concours de M. Lebois, inspecteur général honoraire de l'Enseignement technique. Elle a principalement pour but de préparer les mutilés de la région à entrer dans les industries métallurgiques de Saint-Étienne et des environs, et fonctionne avec le concours de l'École pratique d'industrie ; elle dispose de 200 places. En dehors des professions du fer, elle donne l'apprentissage des métiers suivants : tailleur, cordonnier, monteur de galoches, menuisier, horloger, vannier, brossier, rempailleur de chaises, tapissier, horticulteur, comptable, sténo-dactylographe.

L'*École de Douvres-la-Délivrande* (Calvados) a été ouverte en septembre 1915 par le département du

Calvados, avec 150 places (internes et externes), pour l'apprentissage du travail du fer et des métiers de menuisier, vannier, canneleur, rempailleur, cordonnier, sellier, bourrelier, coiffeur, masseur, cuisinier, tapissier, fabricant de jouets, photographe, opérateur de cinématographe, relieur, doreur, modeleur, sculpteur sur bois, dessinateur, et pour l'enseignement général. L'école présente cette intéressante particularité que le service médical militaire y a organisé la rééducation fonctionnelle par le travail bien avant que certains journaux français aient découvert cette méthode... en Autriche.

Enfin l'*École de Pavillon-sous-Bois* (Seine) représente l'effort d'un département envahi, réalisé aux portes de Paris. Elle s'appelle exactement « École de Vannerie de la Thiérache » et a été fondée par le département de l'Aisne sur l'initiative de M. Ceccaldi, député, dans le but de développer l'industrie de la vannerie fine pratiquée surtout dans l'arrondissement de Vervins, à Hirson et à la Capelle, et de venir ainsi en aide aux mutilés de l'Aisne en particulier et des régions envahies en général, auxquels elle offre 100 places dans des ateliers très bien installés.

## CHAPITRE IX

### LES CRÉATIONS DE L'ÉTAT

Au moment même où l'initiative de la municipalité de Lyon prenait sa forme définitive et presque en même temps que se réunissait au ministère du Commerce la première Commission d'études[1], le gouvernement, désireux de donner au développement de la rééducation professionnelle l'impulsion vigoureuse qui s'imposait, décidait de procéder à une expérience immédiate susceptible de frapper l'opinion publique. Il semblait alors nécessaire, non pas encore de coordonner et de diriger les initiatives privées, mais seulement de fournir aux bonnes volontés en éveil l'exemple d'une organisation qui pût servir de modèle aux institutions à venir. L'État seul, avec les moyens dont il dispose du fait de ses ressources budgétaires et administratives, avait la possibilité de tenter dans les meilleures conditions et de mener à bien, sans trop de difficultés, une telle réalisation.

Le ministère de l'Intérieur offrait pour cette expérience un établissement déjà tout préparé. Il avait dans son administration de l'Assistance et de l'Hygiène

1. Voir p. 77 la composition de cette Commission.

publique un asile, celui de Saint-Maurice, spécialement fondé en 1857 pour recueillir les blessés du travail[1] et dont le directeur, M. le Dr Bourrillon, a l'expérience des questions de rééducation fonctionnelle et professionnelle pour les avoir étudiées dans les pays scandinaves et pour en avoir recherché la solution dans son service. Il suffisait d'approprier à ses nouvelles fins cet établissement, pourvu par son directeur de tout le matériel en usage pour la rééducation fonctionnelle. C'est ce que firent M. Brisac, le dévoué directeur de l'Assistance et de l'Hygiène publique, et M. le Dr Bourrillon. Ainsi fut créé l'*Institut national professionnel des Invalides de la Guerre*, en avril 1915.

« L'Institut, écrit M. Bourrillon, a été ouvert dans les dépendances de l'Asile national des Convalescents et de l'Asile national Vacassy. Le premier, occupé par

1. « L'industrie a ses blessés comme la guerre. Le chantier, l'atelier qui, pour l'ouvrier, sont le vrai champ d'honneur, le renvoient bien souvent malade ou mutilé; l'hospice le reçoit à l'égal du soldat, et la caisse de secours mutuels l'aide momentanément à soutenir sa famille. Mais, quand il sort de l'hospice, assez rétabli pour ne pas y rester, trop faible cependant pour reprendre son travail, il traîne sa convalescence dans la misère; ou bien même, s'il en sort mutilé, pas assez vieux pour avoir conquis par ses économies une pension suffisante sur la caisse de la vieillesse, impuissant cependant désormais pour tout travail qui suffise à le nourrir, il reste condamné au plus affreux dénûment.

« Votre Majesté voudrait alors pour lui une sorte d'asile où il pût venir, soit définitivement prendre une retraite accordée à une grave blessure, à la perte d'un membre, soit, en passant, recouvrer toutes ses forces pour mieux rentrer ensuite dans sa vie de travail. » — Rapport de M. Billault, ministre de l'Intérieur, à l'Empereur, sur la création de l'Asile de Saint-Maurice (mars 1855). Cité par M. le Dr Bourrillon dans la plaquette qu'il a consacrée au cinquantenaire de l'asile, Paris, 1907.

le Service de Santé militaire, dispose de 700 lits. On y pratique la chirurgie orthopédique et la physiothérapie, en vue de la réadaptation fonctionnelle des invalides. Tout en suivant leur traitement et en attendant leur passage devant le conseil de réforme, certains d'entre eux commencent leur rééducation professionnelle dans les ateliers de l'Institut installés à l'Asile Vacassy, situé dans le même parc. Ces ateliers comprennent des tailleurs, des cordonniers, des ferblantiers, des bourreliers, des mécaniciens pour la réparation des automobiles et des tracteurs agricoles appelés à devenir d'un usage courant dans nos campagnes. Il y est fait aussi des cours de comptabilité, de dessin industriel (machines, arpentage, lever de plans, etc..), d'enseignement primaire pour les illettrés manchots. Une fois réformés, les apprentis passent comme pensionnaires civils à l'Institut professionnel où ils continuent l'instruction commencée.

« Un hôtel annexe, situé à Paris, 4, rue Rondelet, dans un immeuble vacant appartenant à l'Asile des Convalescents et contenant 89 chambres, reçoit aussi des invalides désireux d'apprendre un métier différent de ceux enseignés à Saint-Maurice ou qui ne peut être pratiqué que dans l'atelier patronal. Ces apprentis sont ainsi nourris, logés et entretenus à l'hôtel, pendant la durée de l'apprentissage qu'ils font chez des patrons avec lesquels des conventions ont été passées par l'Administration.

« Des œuvres de divers genres peuvent être rattachées au centre de Saint-Maurice et bénéficier ainsi, soit d'avantages consentis aux apprentis qu'elles éduquent, soit de subventions directes.

« L'organisation complexe de cet Institut lui permet de réaliser les indications essentielles de la rééducation professionnelle : préparation physique et morale complète; rééducation précoce; passage immédiat de l'hôpital à l'école de l'apprenti qui peut, suivant ses désirs et son intérêt, suivre les cours, soit de l'école professionnelle, soit de l'enseignement dans les ateliers patronaux ou dans les œuvres rattachées qui peuvent s'ouvrir devant lui[1]. »

Les élèves de l'Institut sont à leur choix internes ou externes. Les internes sont logés, chauffés, éclairés, blanchis et nourris moyennant le prélèvement de 1 fr. 20 établi par la Commission interministérielle sur leur allocation journalière s'ils ne sont pas encore pensionnés. Les externes ne bénéficient que du déjeuner de midi qui leur est donné gratuitement.

L'établissement, merveilleusement situé aux portes de Paris, à deux pas du Bois de Vincennes, au milieu d'un vaste parc, dispose de plus de 300 places et d'autant d'autres à son annexe de la rue Rondelet, dans le XIIe arrondissement. C'est dire qu'il a tout ce qu'il faut pour constituer vraiment le centre type voulu par le gouvernement.

C'est également une œuvre type qu'a entendu réaliser le ministère du Commerce, mais dans un sens tout différent. Saint-Maurice représente une tentative de *création parfaite*. La direction de l'Enseignement technique s'est proposé plus modestement un programme assez large d'*adaptations pratiques*. Les

1. Dr Bourrillon, *La Rééducation professionnelle des Invalides de la Guerre* (Extrait de la *Revue Philanthropique*, janvier 1916).

écoles qu'elle administre forment un ensemble assez complet d'institutions d'apprentissage rationnel à tous les degrés. Écoles nationales d'arts et métiers, écoles nationales professionnelles, écoles nationales d'horlogerie et de vannerie, écoles pratiques de commerce et d'industrie, ont prouvé par le seul développement qu'elles ont pris depuis vingt ans combien la préparation qu'elles donnent est en faveur dans le monde industriel et commercial. Parce qu'elles sont spécialement organisées — encore qu'imparfaitement en bien des points — pour faire non pas seulement des ouvriers, mais des ouvriers d'élite, il a paru qu'elles seraient tout indiquées pour dispenser aux mutilés ce réapprentissage qui est un peu plus qu'un apprentissage ordinaire.

Dès le mois de mars 1915, sur un premier rapport de M. Gabelle, alors directeur de l'Enseignement technique, une enquête fut ouverte par les soins de M. l'inspecteur général adjoint Caillard auprès des préfets, des conseils départementaux de l'Enseignement technique et des directeurs d'écoles, en vue de recueillir les éléments permettant d'apprécier dans quelle mesure ces écoles pourraient être adaptées à la rééducation professionnelle. La plupart des réponses furent favorables à cette adaptation, qui s'imposait d'elle-même d'ailleurs, et dont la Commission d'études alors réunie au ministère du Commerce mit au point les conditions matérielles.

Le 3 juin suivant, le nouveau directeur, M. Henri Ténot, signait un second rapport par lequel le ministre était saisi, en même temps que des résultats de l'enquête et des travaux de la commission, d'une exposition détaillée et documentée de la question de la rééducation et de tout un programme de réalisations immédiates et d'organisation générale.

« L'Enseignement technique, lit-on dans ce rapport[1], répond à peine en temps normal aux besoins du commerce et de l'industrie. Presque toutes ses écoles ont atteint leur effectif maximum, et des disponibilités de professeurs, de locaux et d'outillage s'y rencontrent difficilement. L'état de guerre a encore diminué leur capacité d'enseignement : un certain nombre ont été réquisitionnées par l'autorité militaire, et la mobilisation a réduit partout le chiffre du personnel.

« On ne saurait, dans ces conditions, pour le moment du moins, demander à tous nos établissements de participer à la rééducation des mutilés. Certains, d'ailleurs, enseignent des professions qui ne conviennent qu'à des hommes tout à fait valides, d'autres ne trouveraient pas dans leur région le placement des nouveaux apprentis qu'ils pourraient former.

« Néanmoins l'utilisation d'un assez grand nombre d'entre eux reste possible, soit qu'ils puissent accueillir directement des sujets susceptibles de recevoir à peu près le même enseignement que leurs élèves ordinaires, soit qu'ils envisagent, avec ou sans l'appui des municipalités ou des associations corporatives, la création de sections spéciales.

1. *Bulletin de l'Enseignement technique*, 1915, n° 12. Rapport à M. le ministre du Commerce et de l'Industrie sur la Rééducation professionnelle des blessés, mutilés et estropiés de la guerre (M. Bittard, rédacteur).

Quelques directeurs d'ailleurs s'offrent à travailler, sous votre contrôle, d'accord avec les autorités locales, à l'organisation de véritables instituts distincts des écoles qu'ils dirigent, exclusivement consacrés aux mutilés et constituant des centres nouveaux d'enseignement technique spécialisé. »

Moins de dix mois après, ce programme était largement réalisé.

Avec des moyens très réduits, car la part du ministère du Commerce fut minime dans la distribution de la manne budgétaire — 120000 francs pour l'exercice 1915, 400000 francs prévus pour l'exercice 1916 — la direction de l'Enseignement technique a pu mener à bien la création de trois écoles et l'organisation de douze sections auprès d'autres établissements, sans parler des projets dont l'exécution est prochaine, ni de la contribution apportée à d'autres œuvres départementales ou municipales. Il est juste de dire d'ailleurs que l'aide des conseils généraux, des municipalités, des chambres de commerce et même en certains cas des particuliers n'a pas fait défaut à l'initiative officielle.

Nous avons vu, parmi les créations municipales, ce qu'était l'École pratique et normale de Bordeaux. Les autres institutions du ministère du Commerce sont les suivantes :

L'*École de rééducation professionnelle de Marseille*, ouverte le 1er juin 1915, dans les locaux de l'École pratique d'Industrie, 2, rue du Rempart et 2, rue Saint-Lambert, pour internes et demi-pensionnaires. Elle dispose d'une centaine de places pour cordonniers, tailleurs, comptables, employés de bureau, sténographes, dactylographes, calqueurs, dessinateurs industriels, tourneurs sur métaux et sur bois, menuisiers, modeleurs, mécaniciens, électriciens, ferblantiers, fondeurs, mouleurs, chaudronniers, forgerons, ajusteurs, bijoutiers, graveurs. — En dehors de la pension, les élèves reçoivent tous les cinq jours un prêt d'argent de 0 fr. 50 et un paquet de tabac de même valeur, indépendamment du tabac fourni par l'Administration. En janvier 1915, l'École avait reçu 93 mutilés et en avait déjà complètement rééduqué 40 placés dans l'industrie, le commerce ou l'administration, avec des salaires de début de 4 à 5 francs par jour.

L'*École professionnelle des blessés de Clermont-Ferrand*, ouverte le 1er septembre 1915, avec l'aide bienveillante du grand industriel M. Bergougnan, inspecteur départemental de l'Enseignement technique, dans les locaux de l'École pratique d'Industrie, rue Sidoine-Apollinaire, pour internes et demi-pensionnaires. Elle dispose de 90 places pour cordonniers, tailleurs, tourneurs, mécaniciens, dessinateurs, sténo-dactylographes et comptables. M. Bouglé, le savant professeur à la Sorbonne, que les hasards de la mobilisation ont amené comme infirmier à Clermont, a été l'âme agissante de cette organisation. Il a eu l'heureuse idée d'adjoindre à l'enseignement des professions dont nous venons de donner la liste, celui des métiers de vannier, de fabricant de jouets, de tailleur de pierres de couleurs, amorçant ainsi une très intéressante tentative de résurrection, au profit des mutilés, des industries locales de l'Auvergne.

La *Section spéciale de l'École nationale d'Horlogerie de Cluses*, ouverte le 18 septembre 1915, pour internes et demi-pensionnaires, logés et nourris soit à l'École soit chez des particuliers. Elle constitue à l'heure actuelle le centre de rééducation le plus parfait à tous les points de vue et dispose de 70 places pour l'apprentissage de l'horlogerie et de la petite mécanique, lequel apprentissage, de par la division même du travail dans l'horlogerie, peut être de trois degrés :

1° Un apprentissage *rudimentaire*, maniement d'une perceuse, d'une taraudeuse, etc., qui permet l'accès à des emplois modestes, mais immédiatement rémunérés (6 mois. Salaire de 3 à 5 francs).

2° Un apprentissage *sommaire*, visant à la pratique de certaines spécialités, telles que celles de finisseurs d'acier, poseurs, pivoteurs, piqueurs de pignons, etc. (1 an. Salaire de 5 à 10 francs).

3° Un apprentissage *complet*, conduisant aux professions de remonteurs, outilleurs, estampeurs, conducteurs de machines automatiques, rhabilleurs, etc. (15 mois. Salaire de 8 à 15 francs).

L'horlogerie convient aux mutilés des jambes, plus particulièrement. Son apprentissage exige la possession de la main droite, d'au moins deux doigts de la gauche, et un œil, au moins, très bon. C'est une profession qui se pratique au foyer.

Quant à la petite mécanique, qui convient aux mêmes blessés, elle peut et doit prendre après la guerre une très grande extension chez nous : « Les instruments de précision, écrit M. Paul Adam[1], ceux

1. *Information*, 24 octobre 1915.

de la petite électricité, des machines-outils de précision, mille autres objets de laboratoire, d'optique, de mesure chronométrique et télémétrique, peuvent être forgés, construits chez nous, par nos invalides, vendus à l'intérieur, et même exportés dans l'avenir. Nous cesserons de nous adresser à l'Allemagne pour obtenir ces choses indispensables à l'existence intellectuelle des élites, aux ingénieurs, aux professeurs, aux chimistes et aux physiciens, etc. A Cluses, on construit même des objets d'usage courant. Tel un support de lampe électrique pour l'atelier qui permet de hausser, de baisser, d'incliner la lumière dans tous les sens, grâce à un procédé fort habile. Inventé à Cluses même, ce modèle fut présenté dans les manufactures de la région sans qu'on pût obtenir une commande. Or un catalogue de maison allemande l'offrait naguère parmi ses articles. Et une fabrique de Savoie achetait aux Boches une centaine de ces appareils inventés en France, dans la province même, refusés ou négligés tant qu'ils portaient la marque nationale, mais agréés, puis commandés au représentant de la société germanique, simple copiste de notre modèle. »

La *Section spéciale de l'École nationale d'Osiériculture et de Vannerie de Fayl-Billot* (Haute-Marne), ouverte de concert avec le ministère de l'Agriculture, le 26 octobre 1915, pour internes et demi-pensionnaires. Elle dispose de 80 places pour l'apprentissage de la grosse et moyenne vannerie, de la vannerie fine et pour l'enseignement de l'osiériculture, lesquels peuvent être donnés en trois mois et conduire à des salaires de 3 à 5 francs par jour. En six mois on peut devenir contremaître ou avoir suffisamment de connaissances pour s'établir petit patron. Le métier ne convient qu'aux mutilés des jambes. Il peut se pratiquer partout, à l'atelier comme chez soi, et le placement des produits sera d'autant plus facile qu'avant la guerre les 5/6 de la vannerie vendue en France étaient de provenance allemande ou autrichienne.

Les *Sections spéciales des Écoles nationales d'Arts et Métiers d'Angers et de Cluny*, la première ouverte en juillet 1915, et la seconde à la fin de la même année, disposant de 30 places chacune pour l'apprentissage de la profession de dessinateur industriel. Les Écoles nationales d'Arts et Métiers sont des établissements d'enseignement technique d'un caractère relativement élevé et, comme tels, elles paraissaient au premier examen peu désignées pour servir à une rééducation professionnelle qui n'est guère qu'un apprentissage ou un réapprentissage. Leur objet propre est, en effet, de former des ingénieurs et des chefs d'atelier. Il n'en a pas moins paru possible de les associer à cette œuvre. Elles donnent notamment un enseignement pratique du dessin industriel qui peut, en dehors de toute autre éducation technique, préparer avantageusement un certain nombre de mutilés à des situations assez rémunératrices. Une circulaire ministérielle du 24 mai 1915 a réglé la mise en pratique de leur collaboration, et, conformément à cette circulaire, les deux sections d'Angers et de Cluny ont été aussitôt créées.

Les blessés y sont admis sur leur demande, mais après une sélection faite en tenant compte des règles suivantes : admission en première ligne des invalides qui, antérieurement à leur blessure, auraient été déclarés admissibles aux concours d'entrée dans les écoles d'Arts et Métiers; admission en seconde ligne des candidats pourvus de l'un des diplômes exigés au concours d'entrée; admission en troisième ligne des candidats reconnus capables de suivre les cours avec profit, mais seulement dans la limite des places disponibles. A la fin de l'apprentissage, les apprentis reçoivent une attestation de capacité délivrée après examen.

En dehors de sa section de dessin industriel, l'École d'Angers assure l'apprentissage élémentaire dans ses ateliers d'un grand nombre de militaires en subsistance dans les formations de la ville, et les place chez les patrons de la région comme menuisiers, fondeurs ou ajusteurs.

La *Section spéciale de l'École pratique d'industrie du Havre*, ouverte le 13 septembre 1915, pour internes et externes. Elle dispose de 50 places et forme des bourreliers, cordonniers, tailleurs, tourneurs sur métaux et sur bois, raboteurs, fraiseurs, serruriers, ferblantiers, modeleurs, dessinateurs industriels, employés de commerce.

La *Section spéciale de l'École pratique de commerce et d'industrie d'Oyonnax* (Ain), ouverte le 28 décembre 1915, disposant de 50 places d'internes, mais seulement pour mutilés désireux de s'installer par la suite dans la région même. La section donne en effet l'apprentissage de métiers qui sont presque exclusivement pratiqués à Oyonnax ou dans ses environs, le travail du peigne, la tournerie sur bois et la tabletterie. La petite ville d'Oyonnax est le plus grand centre du monde pour la fabrication du peigne qui y occupe plus de 5 000 ouvriers. La tabletterie et la tournerie sur bois font vivre plus de 20 000 artisans dans les arrondissements de Nantua et de Saint-Claude. Le placement des élèves de la section sera facile, une grande partie de ces industries étant avant la guerre aux mains des Allemands.

Les différentes spécialités de l'industrie du peigne, le *rencarrissage*, le *découpage*, le *cannelage*, le *ponçage*, le *gravage à la main* conviennent à tous les mutilés des jambes et sont compatibles avec certaines mutilations des bras. La durée de l'apprentissage varie de trois à six mois et les salaires de 3 à 7 francs par jour. La section possède également un cours de comptabilité.

La *Section spéciale de l'École pratique de Commerce et d'Industrie de Roanne*, ouverte le 21 décembre 1915, disposant de 40 places réparties en trois sections : tisseurs et employés de tissage, metteurs en cartes (dessinateurs pour cotonnades) et comptables, dont l'apprentissage demande environ une année. Le régime de l'école est l'externat, et le placement des élèves sera facile dans les filatures et usines de la région.

La *Section spéciale de l'École pratique de Commerce et d'Industrie de Thiers*, ouverte en décembre 1915, pour l'apprentissage des diverses spécialités de la coutellerie, montage du couteau fermant, découpage des fournitures, polissage et façonnage des manches. La section dispose de 30 places environ pour mutilés des membres inférieurs qui sont susceptibles de trouver dans la coutellerie du travail assuré à domicile ou à l'atelier, et qui, dès les premières semaines, toucheront à l'école même une partie du prix de vente des objets fabriqués.

La *Section spéciale de l'École pratique d'Industrie d'Elbœuf*, ouverte en janvier 1916, disposant d'une vingtaine de places pour l'apprentissage des professions se rapportant à la draperie. Il était tout naturel que ce centre très important d'industrie drapière qu'est Elbeuf fût utilisé pour la rééducation des blessés qui peuvent à leur tour lui fournir de la main-d'œuvre. L'exercice de la plupart des spécialités de l'industrie du drap est d'ailleurs compatible avec des mutilations d'ordres divers, et la section assurera le placement de tous les élèves de ses cours de composition des tissus, de fabrication drapière, d'étude des mécanismes et métiers à tisser et à filer, de dessin, de travaux pratiques d'échantillonnage et de tissage, et d'hygiène et de législation industrielles, devenus d'habiles échantillonneurs, dessinateurs en tissus, tisseurs, tendeurs de chaîne, rentreurs de lames, employés de fabrique, de comptoir, de magasin et de bureau.

La *Section spéciale de l'École pratique de Commerce de Boulogne-sur-Mer*, ouverte le 20 mars 1916, dont le but est de former des sténo-dactylographes, des correspondanciers, des teneurs de livres, des comptables, des employés de chemins de fer, de commission, de banque, des agents en douane pour maisons de transit, des télégraphistes et des téléphonistes. L'enseignement de ces professions demande en général peu de temps, quelques mois à peine, et leur pratique procure des salaires satisfaisants. Le placement sera relativement aisé dans la région du Nord lorsque, l'invasion refoulée, le commerce et l'industrie y retrouveront leur prospérité d'avant la guerre.

La *Section spéciale de l'École pratique d'Industrie de Cherbourg*, disposant de 50 places pour l'apprentissage des métiers d'ajusteur, serrurier, menuisier, tailleur et cordonnier.

Le *Centre de rééducation de l'École pratique de Commerce et d'Industrie d'Agen*, fonctionnant avec le concours des industriels de la région, et comprenant : 1° une section annexée à l'École pratique, avec 80 places ; 2° des ateliers d'apprentissage direct chez le patron, avec environ 400 places ; et 3° des ateliers utilisant immédiatement le travail des mutilés, avec 100 places au moins. La section de l'École est destinée à former des comptables, des dessinateurs, des employés de bureau ; les ateliers d'apprentissage sont ouverts au *Passage d'Agen* pour la fabrication des balais, la vannerie, le cannage et le rempaillage des chaises, à *Mézin*, pour le travail du liège, à *Marmande* pour le tricot, à *Agen* pour les sabots et galoches, à *Casteljaloux* pour les paillons et enveloppes de bouteilles, à *Miramont* pour le travail des feuilles et fleurs en perles; les ateliers de travail immédiat occupent dès maintenant les blessés à la fabrication des chaussures, sandales, selles, boîtes de conserves à *Villeneuve-sur-Lot*, des chaussures d'été et trieurs de blé à *Tonneins*, du papier et des bougies à *Casteljaloux*, des chaussures à *Miramont*, des fouets à *Agen*, et des fournitures pour boucherie à *Sainte-Livrade*. Le placement est partout assuré à des salaires variant de 2 fr. 50 à 5 francs par jour, la durée des divers apprentissages ne devant jamais dépasser six mois.

En dehors de ces écoles, sections et centres, le ministère du Commerce poursuit encore la réalisation d'un certain nombre d'autres projets parmi lesquels ils faut citer : la création d'une école pratique de taillerie de diamants à *Saint-Claude* (Jura), préparant des ouvriers lapidaires et diamantaires; la création d'une section de lithographes, à l'école pratique de *Nîmes*, préparant à la gravure sur pierre, au reportage sur pierre et à la conduite des machines lithographiques; la création d'une section de vanniers, cordonniers, tailleurs, et de comptables, dessinateurs, à l'École nationale professionnelle de *Voiron* (Isère); l'ouverture aux mutilés des cours normaux des écoles pratiques de commerce et d'industrie d'*Auxerre* (dessinateurs, vanniers), de *Dunkerque* (modeleurs, menuisiers, dessinateurs, employés de commerce), de *Montargis* (industries du fer et du bois), d'*Angoulême* (dessin d'architecture); et ultérieurement l'utilisation des écoles techniques des régions de la zone des armées (École d'Arts et Métiers de *Châlons*, École nationale professionnelle d'*Armentières*, École pratique de *Reims*, etc.) ou des régions envahies (École d'Arts et Métiers de *Lille*, nombreuses écoles pratiques du Nord et de l'Est).

Enfin, l'administration de l'Enseignement technique aide, par l'intermédiaire de la Croix-Rouge suisse, une initiative intelligente prise par deux professeurs techniques français prisonniers en Allemagne. Dans le camp de Friedrichsfeld où ils sont internés, les sergents Lalisse et Bonnet ont installé le 1er juin 1915 une école de rééducation professionnelle où, avec la tolérance de l'autorité militaire allemande, ils apprennent certains métiers à leurs camarades blessés (45 cordonniers, 23 horlogers, 35 employés de bureau, des relieurs, des coiffeurs, des menuisiers, des tailleurs; en tout 31 professeurs et 255 élèves (dont 199 français, 35 belges, 13 anglais et 8 russes).

A l'exemple du ministère du Commerce, celui de l'Agriculture a organisé un certain nombre de sections spéciales pour la rééducation professionnelle des mutilés auprès des écoles relevant de son administration. Dans les écoles d'*agriculture* la section est formée à côté et en dehors des élèves réguliers. Dans les écoles d'*industries agricoles* (laiterie, fromagerie, apiculture, aviculture, vannerie) les mutilés suivent tout ou partie des cours et participent à tous les exercices pratiques. La durée de l'apprentissage est de *trois* mois pour un vérificateur de lait, un vannier ou un pisciculteur; de *six mois* pour un apiculteur, un vacher, un bourrelier; de *un an* pour un mécanicien agricole, un viticulteur, un horticulteur, un fromager.

Les écoles ouvertes aux mutilés ruraux ou désireux de le redevenir sont :

L'*École nationale de Grignon*, 15 places pour bergers, jardiniers, mécaniciens agricoles.

Les *Écoles nationales de Rennes et Montpellier*, qui ne reçoivent que des apprentis mécaniciens ruraux.

L'*École nationale d'Horticulture de Versailles*, 20 places pour jardiniers et vanniers.

L'*École nationale de Laiterie de Poligny* (Jura), 10 places pour fromagers.

L'*École professionnelle de Laiterie de Surgères* (Charente-Inférieure), 18 places pour beurriers, vérificateurs de lait et comptables.

L'*École professionnelle de laiterie de Mamirolle* (Doubs), 18 places pour fromagers.

L'*École pratique d'Agriculture de Genouillat* (Creuse), 10 places pour vachers, jardiniers et viticulteurs.

L'*École pratique d'Agriculture de la Réole* (Gironde), 10 places pour vachers, jardiniers et viticulteurs.

L'*École pratique d'Agriculture d'Ondes* (Haute-Garonne), 8 places pour les mêmes professions que la précédente, et une section spéciale pour mécaniciens ruraux.

L'*École pratique d'Agriculture de l'Oisellerie* (Charente), 12 places pour bergers, viticulteurs, jardiniers, et une section spéciale pour mécaniciens ruraux.

L'*École pratique d'Agriculture de la Brosse* (Yonne), 12 places pour aviculteurs, jardiniers, viticulteurs et bergers, et une section spéciale pour mécaniciens ruraux.

L'*École pratique d'Agriculture de Fontaines* (Saône-et-Loire), qui offre les mêmes disponibilités que la précédente.

L'*École pratique d'Agriculture de Grandjouan* (Loire-Inférieure), 8 places pour vachers, garçons de cours, jardiniers, et une section spéciale de mécaniciens ruraux.

L'*École d'Agriculture d'Aurillac*, 18 places pour laitiers, vanniers et jardiniers.

L'*École d'Agriculture de Châtillon-sur-Seine* (Côte d'Or), 12 places pour bergers.

Les *Fermes-écoles de la Hourre* (Gers), et de *Royat* (Ariège), 20 places pour viticulteurs et jardiniers.

La *Bergerie nationale de Rambouillet*, 25 places pour bergers.

L'*École de Tonnellerie de Saintes*, 10 places pour tonneliers et viticulteurs.

Les ministères de l'Instruction publique d'abord et de la Guerre ensuite se sont engagés à leur tour, quoique plus récemment, dans la même voie que les départements du Commerce et de l'Agriculture. Alors qu'il s'était borné auparavant à prêter le concours de ses écoles et de ses maîtres pour l'enseignement général dans les autres centres de rééducation, le ministère de l'Instruction publique vient de tenter l'organisation de cours d'enseignement général élémentaire dans les dépôts de convalescents en vue de préparer les blessés à profiter de la rééducation professionnelle, et de plusieurs sections complètes auprès de lycées ou d'écoles primaires supérieures. C'est ainsi notamment qu'une section a été ouverte au *lycée de Montluçon* (Allier), pour la préparation à certaines professions industrielles et aux écoles techniques. Ce n'est encore que la période des essais; l'avenir dira ce qu'ils vaudront.

Quant au ministère de la Guerre, après avoir

limité volontairement son action à la rééducation fonctionnelle et à la prothèse, il est venu lui aussi à l'organisation de la rééducation professionnelle. Le service de Santé a essayé la création de cours professionnels dans les hôpitaux-dépôts de convalescents à l'exemple de ce qui se fait à Port-Vilez, à la Maison-Blanche, à la Délivrande et à Toulouse. Par une série de circulaires plus récentes encore, M. Justin Godart a décidé la création d'un certain nombre de centres, dont nous avons parlé au chapitre de la prothèse, qui auraient mission non seulement d'appareiller les mutilés et de faire leur rééducation fonctionnelle, mais encore de donner la rééducation professionnelle. Enfin le gouverneur militaire de Paris vient d'autoriser les militaires en traitement dans les hôpitaux et les centres de physiothérapie à travailler chez des patrons qui leur seront indiqués par le ministère du Travail (Office départemental de placement, 50, rue de Rivoli) pendant le nombre d'heures et du genre de travail indiqués à l'avance par le médecin traitant.

# CHAPITRE X

## L'ÉCOLE DES BLESSÉS

Il y avait trop de raisons en faveur de la supériorité de l'apprentissage à l'école pour que l'expérience de plus d'une année n'ait pas été concluante en ce sens. Dans le tableau que nous venons de tracer des centres de rééducation professionnelle actuellement existants, les ateliers et les cours ne figurent qu'à peine. Presque tout ce qui fonctionne et tout ce qui fonctionne bien, de quelque nom qu'on l'appelle, est « école ». Cela ne veut pas dire qu'on n'ouvrira plus d'ateliers, qu'on ne créera plus de cours, mais cela veut dire que la formule définitive de la rééducation est désormais l'apprentissage des mutilés dans des écoles spécialement organisées à cet effet, — c'est-à-dire l' « école des blessés ». Et cela veut dire encore que si l'on crée, en dehors de l'école même, des cours ou si l'on use de l'atelier patronal, c'est à l'école « centre de rééducation » que ces cours et ces apprentissages chez le patron devront plus ou moins se rattacher.

L'école des blessés sera-t-elle une chose absolument nouvelle? Oui, par le but poursuivi et par un certain nombre des moyens employés pour l'atteindre; non, dans le principe même, ni dans les grandes lignes de l'organisation. Qu'on la fonde de toutes pièces ou qu'on la greffe sur une école professionnelle préexistante, la nouvelle institution ne sera jamais — et ne devra jamais être — que l'adaptation éclairée et méthodique de l'école technique, telle que nous la connaissons, aux besoins nouveaux qu'elle a pour objet de satisfaire.

Le modèle, en matière d'école de blessés, paraît devoir être l'institut du degré élémentaire, l'école *pratique*, qu'il s'agisse d'écoles pratiques de commerce, d'industrie ou d'agriculture. C'est en effet de la population ordinaire de ces écoles que se rapprochera le plus, professionnellement et socialement, l'immense majorité des mutilés, après leur blessure. Paysans, ouvriers, petits employés seront susceptibles de recevoir un enseignement général élémentaire et une éducation professionnelle pratique. C'est donc à des maîtres élémentaires et à des contremaîtres ou chefs d'ateliers qu'il faut les confier : ils en feront, non point comme on l'a dit quelquefois, des aristocrates de l'établi, mais des ouvriers instruits, capables d'exercer honorablement leur profession et souvent de racheter l'amoindrissement de leur activité physique par des connaissances techniques qui leur donneront peut-être une heureuse influence sur leurs camarades valides à l'atelier, sur leurs voisins à la campagne.

Pour obtenir ce résultat, il faut d'abord choisir avec soin les élèves, les professions, les maîtres et les programmes; il faut ensuite placer les blessés dans les meilleures conditions matérielles pour profiter de la rééducation.

Le choix des élèves est important et délicat. Il ne faut admettre que des êtres sains physiquement et moralement. Il faut déterminer aussi exactement que possible l'aptitude fonctionnelle et professionnelle de chacun. L'examen moral par le chef de l'établissement révélera ceux qui n'ont d'autre envie que de profiter d'une « bonne maison » en travaillant le moins possible. L'examen physique par le médecin sera plus complexe. Il portera sur l'état général, sur la valeur des organes, et découvrira les trois grandes diathèses qui appellent des traitements spéciaux ou commandent l'éloignement : la syphilis, l'alcoolisme et la tuberculose; sur l'état local, c'est-à-dire sur le degré de consolidation de la blessure ou d'assouplissement de l'atrophie fonctionnelle et ne concluera à l'admission qu'en cas de cicatrisation complète, d'inutilité définitive de toute opération chirurgicale ou de toute intervention médicale en vue d'une amélioration quelconque. Il faudra de même que le sujet soit libéré de toute nouvelle charge militaire, c'est-à-dire réformé n° 1 ou plus exactement en congé illimité en attendant la liquidation de la pension. Le réformé n° 2 peut toujours être rappelé sous les drapeaux et voir ainsi sa rééducation interrompue.

L'homme admis[1], que va-t-on lui apprendre parmi les divers métiers enseignés par l'école? Le choix

1. Les conditions de voyage des mutilés admis dans les centres de rééducation sont les suivantes : le transport en chemin de fer des mutilés se rendant dans un centre agréé par l'État est

des professions n'est pas moins délicat que le choix des élèves. La méthode du professeur ' mar, déjà employée depuis longtemps en Amérique par Frédéric Taylor, serait ici absolument indiquée, si on pouvait la transporter aisément du laboratoire des Arts et Métiers dans chaque école de rééducation, elle, ses préparateurs, ses manomètres, ses spiromètres, ses ergographes et toute l'installation nécessaire à sa pratique. Cela est malheureusement irréalisable, et, s'il faut souhaiter que le plus possible de blessés possèdent leur « fiche d'aptitude », on ne peut guère espérer pouvoir établir celle de la plupart d'entre eux.

Au surplus, la pratique démontre que le facteur « aptitude » s'efface toujours devant le facteur « goût » ou le facteur « intérêt ». « De-ci de-là, l'ouvrier en souffre, dit le Dr Carle, mais le plus souvent le moteur humain est là, avec sa merveilleuse souplesse, pour permettre les plus laborieuses adaptations. » Et si le mutilé est apte à être brocheur et que, le pouvant, il veuille être horloger, rien ne fera qu'il ne soit horloger — et que le seul exercice de cette profession ne constitue pour lui la meilleure manière d'en acquérir l'aptitude.

C'est plutôt la question des débouchés qui doit avoir une certaine importance dans le choix des

*entièrement gratuit.* L'intéressé doit adresser sa demande au préfet de son département, lequel y fait droit sans délai. (Circulaire du ministre de l'Intérieur du 8 juin 1916.) Pendant leur rééducation ceux des mutilés qui sont réformés et n'ont plus droit au quart de place militaire voyageront à *demi-tarif* lors de leurs permissions régulières. (Circulaire du ministre de l'Intérieur du 24 juin 1916.)

professions. Car c'est toute la question. Ce n'est point pour le plaisir d'apprendre un métier que le blessé vient à l'école, mais dans le but de se créer une situation. Or, dans la limite des professions compatibles avec son degré de mutilation, il faut toujours rechercher celle qui assurera à un homme donné, dans des conditions de famille, de résidence, et d'activité données, le plus de chances de trouver un travail aussi sûr et aussi bien rémunéré que possible. Voilà ce que ne doit pas perdre de vue le chef d'établissement qui a charge d'aider un de ses élèves à décider de son apprentissage. Ce faisant, d'ailleurs, il lui arrivera soixante fois sur cent de n'avoir qu'à rééduquer cet élève dans son ancien métier, ce qui sera plus facile qu'on ne pense généralement, et de tout profit pour tout le monde.

A quels professeurs faudra-t-il demander l'enseignement le mieux aménagé et le plus satisfaisant? Il semble à ce point de vue que les chefs d'ateliers et contremaîtres de l'enseignement technique soient le personnel le plus apte à diriger la rééducation professionnelle et à former, en peu de temps, parmi les mutilés eux-mêmes, les maîtres nouveaux auxquels il deviendra nécessaire de faire appel dès que les écoles auront reçu seulement la moitié de la glorieuse population pour laquelle elles sont faites. Le maître mutilé serait l'idéal. Outre l'exemple vivant qu'il donnerait, il improviserait des techniques ou même seulement des façons nouvelles, dont un valide ne soupçonne pas la portée et l'utilité pour des infirmes.

Le praticien devra toujours être doublé d'un éducateur; car la rééducation, si on la veut efficace, ne doit pas se borner à l'apprentissage manuel. On trouvera des illettrés parmi les blessés; on trouvera surtout en grand nombre des hommes qui seront redevenus, comme il arrive trop souvent, des ignorants. Refaire l'instruction élémentaire de ces adultes peut-être déjà âgés, c'est proprement leur faciliter le retour au travail et à la vie, c'est aussi ouvrir en eux les facultés intuitives et compréhensives, dont on aura besoin pour leur inculquer la notion, nouvelle pour eux, du devoir civique auquel on les prépare, le haut devoir de concourir par le travail le plus modeste au relèvement de la patrie et à son rayonnement économique dans le monde nouveau.

Pour cela, il ne suffira pas de leur enseigner une seconde fois la grammaire, l'histoire, la géographie ou l'arithmétique; il faudra les leur enseigner en vue de leur avenir, c'est-à-dire en vue de leur profession, et cette tâche encore, personne ne la peut mieux remplir que ceux qui s'y sont déjà consacrés dans l'éducation des jeunes gens auxquels nos écoles professionnelles de tous ordres et de tous ministères donnent l'enseignement général spécialisé, le plus vivant et le mieux compris.

La rééducation ne veut pas seulement *ses* professeurs. Elle veut aussi *ses* programmes. Nous avons dit qu'il lui fallait des méthodes et non les routines de l'atelier patronal. Sa méthode générale sera l'apprentissage raisonné, gradué, surveillé par le médecin dans sa répercussion sur l'état physique et sur l'infirmité; par le technicien dans le parti qui peut être tiré de modifications d'outils ou de machines, dans la recherche des spécialisations qui peuvent convenir plus particulièrement à chaque genre de mutilations, dans l'étude des procédés de travail plus rationnels que peut réclamer chaque cas d'invalidité. De cette méthode générale, on tirera facilement des programmes précis pour l'enseignement de chaque métier dans le moins de temps possible en vue d'une pratique aussi parfaite que possible. Mêmes choses peuvent être dites en ce qui concerne les programmes de l'enseignement général, avec cette réserve qu'ils devront être très peu chargés et orientés toujours vers le but pratique et immédiat qui est : la rééducation.

Le régime de l'école ne sera pas indifférent. D'abord, et pour le cas d'annexe à une école déjà existante, sans partager les préventions absolues de certains, il sera bon de ne pas trop mélanger les blessés avec les tout jeunes élèves. Il pourrait sans doute naître une émulation de ce voisinage. Il en naîtrait plus sûrement encore des inconvénients graves dus à la différence des âges, des éducations, et aussi, il faut le dire, des méthodes différentes d'apprentissage et d'enseignement.

La discipline non plus ne pourrait pas être la même, car on n'imposera pas aux mutilés les mêmes règlements puérils qu'aux enfants. L'homme doit être libre dans l'école. Il est assez grand pour qu'on l'affranchisse même des tracasseries de la caserne et pour qu'on ne fasse appel qu'à sa raison. S'il le faut cependant, des sanctions s'imposeront : on les trouvera facilement dans des suppressions de primes de travail ou des réductions du pécule de sortie, et, si besoin est, dans l'exclusion.

L'internat facilitera la discipline. Le plus possible il faudra garder l'homme à l'école. C'est là qu'il trouvera toujours la nourriture la plus saine et la meilleure. Internat libre d'ailleurs, en ce sens que tout le temps qui ne sera pas consacré au travail, aux repas et au sommeil, sera laissé au blessé pour en user absolument comme il l'entendra. Ce n'est que lorsque l'internat ne pourra être organisé qu'on recourra à l'externat, plus dangereux à cause de la tentation du cabaret.

Qu'il soit interne ou externe, il va de soi que l'école doit la subsistance au mutilé. Elle la lui donnera soit sous forme d'indemnité journalière, soit directement dans ses dortoirs et réfectoires, soit dans l'hôtel ou le restaurant avec lesquels elle se sera entendue, il n'importe. Ce qui paraît difficile à admettre, c'est qu'elle lui retienne quoi que ce soit sur la modeste allocation journalière qu'il reçoit en attendant sa pension. La Commission interministérielle a pris en ce sens une décision regrettable à tous les points de vue. Elle fait prélever, par les écoles qu'elle subventionne, 1 fr. 20 sur l'allocation journalière des élèves non encore pensionnés. Pour sauver un principe, celui de l'impossibilité de nourrir gratuitement un homme auquel l'État donne déjà 1 fr. 70 pour vivre, elle a porté un coup aux écoles subventionnées dont les mutilés s'éloigneront pour aller toucher la prime des écoles libres; elle a institué une inégalité choquante entre le réformé et le pensionné, puisqu'elle n'a pu décider le prélèvement que sur l'allocation, et non sur la pension, dont la loi soustrait l'intégralité à ses décisions du reste sans aucune valeur légale; elle a commis une autre inégalité de fait, car toutes les allocations ne sont pas de 1 fr. 70 tandis que le prélèvement est toujours de 1 fr. 20; elle a enfin violé la parole du gouvernement, lequel, pour faciliter la rééducation, a formellement promis à diverses reprises que celle-ci n'entraînerait pour le mutilé aucune diminution, ni des secours qu'il reçoit déjà, ni de la pension à laquelle il a droit.

La Commission a reconnu elle-même son erreur et a cherché à la réparer : elle a institué une prime uniforme de 0 fr. 50 par journée de travail, prime qui sera payée par l'École au mutilé laissé en subsistance dans une formation voisine, à celui qui cesse de toucher l'allocation journalière en attendant la liquidation de sa pension et à celui dont la pension est inférieure à 0 fr. 50 par jour; cette prime sera constituée par les 50 centimes restant au blessé qui aura subi le prélèvement. Puis, sentant combien cela était insuffisant, elle a autorisé les directeurs d'écoles à affecter le produit des prélèvements à la constitution d'autres primes de travail et de pécules de sortie. Quelles primes? Quels pécules? La Commission a seulement oublié de le préciser. Au lieu d'étudier un système, elle laisse aux écoles le soin d'en établir autant de différents qu'il y a de directeurs différents. L'idée certes est bonne, mais les commissions ne sont pas faites pour émettre des idées pures : on attend généralement d'elles des solutions et non des opinions.

Faire un pécule au mutilé qui sort rééduqué, et le mettre ainsi en possession d'une avance pour s'établir, cela est excellent. L'encourager dans son travail en lui allouant des primes, cela ne peut qu'aider au succès de l'œuvre entreprise. Mais il n'est pas besoin d'affecter à cela un prélèvement qu'on a effectué en vue de se couvrir d'une partie de la subsistance. Il est peu d'écoles où des ressources ne peuvent être trouvées dans le produit même du travail des apprentis. En tout cas une retenue, si elle est nécessaire, ne doit pas être aussi forte que celle dont la Commission a arbitrairement imposé l'obligation aux écoles subventionnées.

Dira-t-on que, si l'école des blessés fonctionne comme nous venons d'essayer de l'indiquer, elle continuera à paraître rébarbative aux soldats qui n'ont aucune envie de revenir à la caserne? Ce serait à peine croyable. Il suffira que le blessé en visite une et se rende compte de ce qu'on y fait, pour qu'aussitôt tombent ses suspicions même les plus invétérées. M. Bouglé le dit en termes excellents [1], dans un récent article : « Les hésitants viennent voir leurs camarades à l'œuvre. Ils constatent par eux-mêmes qu'à l'école on touche l'allocation, que le rata est bon et aussi que ce n'est pas une caserne. Les craintes qu'inspiraient l'État à ce peuple anxieux, toujours incertain de ce qu'on lui prépare, s'évaporent au contact de l'expérience commencée... ».

L'école, du reste, nous l'avons dit, n'est pas exclu-

1. Jean Breton (M. Bouglé). *A l'École des mutilés*. (*Revue de Paris* du 1er février 1916.)

sive des autres modes d'apprentissage. Elle peut, au contraire, servir utilement à leur développement rationnel en les adaptant à ses méthodes, en surveillant et en disciplinant leur action, en leur fournissant les élèves qu'elle ne pourra pas, pour une raison ou pour une autre, rééduquer elle-même. Le ministère du Commerce a tenté en ce sens des expériences intéressantes qui ont donné de très bons résultats, notamment à Clermont-Ferrand et dans le Lot-et-Garonne. De même le ministère de l'Intérieur a rattaché à l'Institut de Saint-Maurice plusieurs petits ateliers parisiens, et les œuvres départementales de la Loire et de Saône-et-Loire ont élargi de pareille façon l'action des écoles de Saint-Étienne et de Cluny.

Il y a des industries très locales qui ne peuvent motiver l'ouverture d'une école et qu'on apprend seulement chez le petit fabricant. Pourvu que l'école existante dans la région ait le contrôle de cet apprentissage, l'atelier normal peut être efficacement utilisé. A un autre point de vue, il se peut que des villes aient la facilité de créer des cours, mais non des écoles, ou que ces cours soient organisés par certains groupements corporatifs désireux de bénéficier de la main-d'œuvre ainsi préparée avec l'aide de l'école la plus proche. Ateliers et cours deviennent alors des sortes d'annexes, par lesquelles l'école étend le rayonnement de son influence autour d'elle et diffuse jusqu'au fond des petites villes environnantes les bienfaits de la rééducation professionnelle. Dans ce cas, le budget du centre doit pourvoir à l'hébergement des élèves ainsi dispersés autour de lui, et son personnel technique a mission de faire rentrer la didactique patronale, autant que possible, dans le cadre même de l'enseignement donné par l'école des blessés. A cette condition seulement on peut espérer tirer quelque chose de bon de ces moyens différents de rééducation.

## CHAPITRE XI

### LES ACCIDENTS ET LES ASSURANCES

Dans le blessé, il ne faut pas voir seulement l'apprenti à faire et à placer; il faut aussi considérer l'ouvrier à aider et à protéger dans son travail. Cette considération est d'autant plus importante que l'invalidité partielle de l'apprenti d'abord, de l'ouvrier ensuite, les expose davantage aux accidents. Le risque, sans doute, est minime, quand il s'agit de métiers qui sont presque de tout repos comme ceux de cordonnier ou de tailleur; mais il peut devenir très grand pour les blessés qui travaillent le bois ou le fer, et plus particulièrement pour ceux qui sont appelés à se servir de machines ou d'outils essentiellement dangereux comme la scie à ruban, le tour, les machines à découper, etc.

L'homme qui n'a pas l'usage de tous ses membres, qui ne dispose pas de toute son adresse physique et qui ne peut se prémunir comme l'ouvrier valide, est presque sans défense contre l'accident; et l'accident aura généralement pour lui des conséquences tout autres que pour l'ouvrier valide, car il aggravera jusqu'à la rendre souvent totale une invalidité qui n'aurait été que provoquée et limitée chez un sujet précédemment exempt de toute infirmité. La perte d'un œil n'entraîne qu'une incapacité réduite chez celui qui a ses deux yeux, alors qu'elle rend irrémédiablement aveugle celui qui, déjà, n'en avait plus qu'un. Le manchot, dont la main unique est broyée, subit un dommage autrement sensible que son camarade que le même malheur n'aurait privé que d'une seule main. En dehors du risque plus grand qu'il court lui-même, le mutilé, du fait de son infirmité, peut être la cause d'accidents qui, sans elle, ne se seraient pas produits.

Les blessures et les mutilations influent ainsi à la fois sur la fréquence et sur la gravité des accidents et exposent l'employeur à une responsabilité plus grande, puisqu'il est de jurisprudence constante que l'infirme victime d'un accident du travail a droit à une rente égale aux deux tiers de son salaire s'il en résulte pour lui une incapacité totale, alors que le patron ne doit qu'une rente de 15 à 30 p. 100 de ce même salaire à l'ouvrier valide rendu partiellement incapable [1].

Un tel état de choses aura sa répercussion aussi bien pendant l'apprentissage que lorsque le blessé travaillera chez un patron. Il doit donc être envisagé au double point de vue de la rééducation proprement dite et de l'utilisation ultérieure du mutilé rééduqué dans l'industrie.

En ce qui concerne la rééducation proprement dite, la

1. Borgne devenu aveugle : Cass., 20 juillet, 10 déc. 1902, 11 et 25 nov. 1903. Manchot privé de son autre main : C. de Rouen, 3 mai 1902.

responsabilité de l'école qui se charge du réapprentissage paraît juridiquement très limitée. « L'application de la loi de 1898 présuppose l'existence d'un contrat d'apprentissage entre la victime et la personne à qui une indemnité est réclamée, dit M. Paul Pic, le savant professeur de droit industriel. Si ce lien contractuel impliquant subordination directe de l'employé à l'employeur ou réalisation d'un gain par ce dernier fait défaut, le risque particulier défini par la loi ne se rencontre plus. » C'est cela même qu'a formulé le représentant du ministère du Travail à la Commission interministérielle en déclarant que, si les mutilés sont placés dans une entreprise industrielle, ils peuvent se réclamer de la loi de 1898, tandis que, s'ils se trouvent dans une œuvre purement philanthrophique, ils restent soumis au droit commun des articles 1382 et suivant du Code civil [1].

Pour juridique que soit cette interprétation, elle ne pouvait fournir une solution à la question de la protection des mutilés contre les accidents dont il peuvent être victimes au cours de leur rééducation professionnelle. Les articles 1382 et suivants du Code civil n'admettent que la réparation du dommage *causé*, et le soin de faire la preuve que le dommage a été causé incombe à la personne qui s'en plaint. Un tel système est évidemment une garantie pour les écoles de rééducation professionnelle; mais il laisse le mutilé

1. C. de Poitiers, 6 juin 1902; Tr. des Conflits, 1er août 1903; Cass., 9 décembre 1908 et 3 août 1909. Dans son opuscule sur la *Rééducation professionnelle*, M. le Dr Bourrillon cite sept autres jugements des tribunaux de la Seine, de Lyon, de Parthenay, de Douai et de Rouen, dans le même sens.

privé de tout recours, alors que l'équité et la pleine compréhension du devoir de solidarité de la nation semblent exiger que les intérêts de celui-ci soient pleinement sauvegardés.

Pour cela il est nécessaire de rechercher, en dehors même de la jurisprudence, un régime spécial dans lequel le blessé pourra bénéficier dès l'école des dispositions de la loi de 1898, soit que l'État obtienne des compagnies d'assurances l'application de tarifs de faveur pour les centres qu'il subventionne, soit qu'il constitue un fonds d'assurance alimenté par sa contribution propre et par celles des départements, des communes, des organes corporatifs et professionnels, des associations d'assistance aux mutilés, etc.

Ce régime spécial sera d'autant plus facile à déterminer, qu'il ne sera qu'une variante de celui que la Chambre vient de voter et qui est actuellement soumis au Sénat, pour l'assurance générale des blessés de guerre travaillant dans l'industrie.

A l'atelier, plus encore qu'à l'école, la situation particulière des mutilés au point de vue de la fréquence et de la gravité des accidents peut être un obstacle au succès de l'œuvre entreprise. Leur placement serait difficile si les compagnies d'assurances exigeaient des employeurs des surprimes correspondant au surcroît de risques. Si l'on veut que les portes de l'usine et de l'atelier ne se ferment pas au mutilé, lorsque le sentimentalisme des premiers mois sera passé, il faut faire en sorte qu'il y ait égalité de charges entre ceux qui emploient des blessés et ceux qui n'en emploient pas.

Plusieurs systèmes ont été proposés pour atteindre ce résultat.

Le projet de loi du gouvernement sur les pensions, dans son article 29, en formulait un en ces termes : « Lorsque le bénéficiaire de la présente loi sera victime d'un accident du travail, si la réduction permanente de salaire résultant de l'accident se trouve aggravée, par le fait de l'infirmité de guerre préexistante, le chef d'entreprise sera tenu seulement des conséquences que le même accident aurait entraînées pour un ouvrier valide : la différence entre la rente à laquelle l'ouvrier a droit et la rente laissée à la charge du chef d'entreprise par le présent article incombera à l'État. — Pour déterminer cette différence, le tribunal, lors du règlement de l'accident, en fixant le chiffre de la rente due à l'ouvrier, établira d'une façon distincte la quote-part résultant de l'action aggravante du fait de guerre. Si la pension militaire résultant des tarifs de la présente loi est inférieure à cette dernière quotité, elle sera l'objet d'une majoration telle que la totalité de la pension ainsi payée par l'Etat représente exactement le montant de la dette dont il prend la charge ».

La ventilation par les tribunaux des conséquences des accidents du travail subis par les mutilés de guerre et la limitation de la responsabilité du patron à celles de ces conséquences qui ne sont pas dues à la mutilation préexistante, tel est le principe qu'on retrouve également dans les deux propositions de loi de MM. Lebey et Honnorat [1].

1. Ch. des D., 1915, n°s 1066 et 1126.

Comme le gouvernement, dans son projet M. Lebey met à la charge de la collectivité la réparation des conséquences de l'accident dont le tribunal a dispensé le patron : « L'emploi d'un très grand nombre de mutilés créerait, dit-il, sans cette intervention de l'État, des risques considérables pour l'industrie, qui, bien que professionnels en apparence, sont en réalité fonction d'une infériorité physique qui est la conséquence directe de la guerre ». Et il propose que l'indemnité prévue par l'article 1er de la loi du 9 avril 1898 soit partagée entre le chef d'entreprise et l'État. Pour faire face aux charges qui résulteraient pour l'État de l'application de ce système, son auteur propose la création d'un fonds national d'assurances alimenté par un centime additionnel au principal des contributions directes.

Au contraire, M. Honnorat fonde son système sur un principe tout différent. « Les mutilés de la guerre, dit-il, ont souffert pour tous les employeurs. C'est sur tous sans exception que doit peser le risque supplémentaire auxquels ils exposent ceux qui leur procurent du travail. » La part de responsabilité qui n'incombe pas à l'employeur actuel incombera donc à tous les autres. Le chef d'entreprise aura droit au remboursement de la quotité de rente correspondante à cette part, et ce remboursement lui sera fait sur un fonds spécial alimenté par la contribution des patrons et par celles des compagnies d'assurances en proportion des primes perçues par elles.

C'est à ce dernier système que s'est ralliée la Chambre, sur l'avis conforme de M. Métin, ministre du Travail, et de ses commissions. Le rapporteur,

M. Bonnevay, fait ressortir qu'il a sur les autres l'avantage de « cadrer avec la législation générale des accidents du travail » qui « prévoit la réparation *forfaitaire* du dommage subi », qui « met ce dommage à la charge de l'industrie » et qui « ne tolère pas qu'on recherche les antériorités aggravantes, les tares préexistantes et qu'on exerce des recours contre l'auteur responsable ». Il ajoute : « Tout système qui, en ce qui concerne les accidents du travail frappant un mutilé de la guerre, tendrait à enlever à l'*industrie* une partie des charges de l'accident causé par l'exercice de la profession irait à l'encontre des principes directeurs de notre législation des accidents et la remettrait tout entière en cause ».

Non seulement le système adopté ne remet pas en cause la législation actuelle, mais encore il ne comporte aucun organisme nouveau en ce qui concerne la contribution des employeurs et celle des assureurs. Les lois des 9 avril 1898 (article 25) et 12 avril 1906 modifiée par la loi du 26 mars 1908 (articles 4 et 5), ont déjà organisé un fonds de garantie pour le cas où soit les chefs d'entreprises, soit les sociétés d'assurances ou syndicats de garantie ne s'acquittent pas des indemnités mises à leur charge. De plus, le remboursement des frais de surveillance et de contrôle par les organismes d'assurance fonctionne en vertu de l'article 27 de la loi du 9 avril 1898, modifiée par celle du 31 mars 1905. Ce sont ces simples dispositions que le projet voté par la Chambre dans sa séance du 24 mars 1915 rend applicables pour la création du fonds spécial de prévoyance dit « des mutilés de la guerre »; sur ce fonds sera effectué le prélèvement du capital qui devra être versé à la Caisse nationale des retraites pour la vieillesse comme représentatif des rentes dont l'employeur sera exonéré *totalement* si l'accident a eu pour cause exclusive la mutilation de guerre préexistante, et *partiellement* si la réduction permanente de capacité résultant de l'accident a été aggravée par le fait de ladite mutilation, dans la proportion même de cette aggravation.

Ainsi la législation en cours d'élaboration et que le Sénat voudra certainement rendre définitive, en instituant, dans le cadre même de la loi de 1898, une sorte de réassurance entre les employeurs moyennant des taxes dont ils ont seuls la charge, donne satisfaction au vœu de tous ceux qui s'intéressent à la rééducation professionnelle des mutilés. Elle met à leur place, dans le monde du travail, les victimes de la guerre; elle facilite leur placement; elle établit entre tous les employeurs la solidarité des charges supplémentaires qu'en son absence les plus généreux d'entre eux eussent seuls supportées.

Cette législation, quels que soient les avis de ceux qui voient dans les arrêts de la jurisprudence passée la charte d'avenir des centres de rééducation, devra être étendue sous une forme quelconque aux écoles et ateliers de réapprentissage. J'entends bien que la jurisprudence est un abri commode pour les fondateurs d'écoles qui veulent courir le moins de risques possible et qui déjà (déjà !), par une déplorable déformation professionnelle, se préoccupent beaucoup plus de la gestion de leurs œuvres que de l'intérêt de leurs élèves. Il n'empêche que cet intérêt *seul* doit entrer en ligne de compte et que, si la jurisprudence actuelle prive les blessés en apprentissage dans les centres de rééducation du bénéfice de la loi de 1898, eh bien! c'est cette jurisprudence qui est mauvaise, sinon en soi, du moins dans l'application qu'on en veut faire, et c'est elle qu'il faut changer au besoin par une loi.

Ce n'est pas seulement contre les accidents que le mutilé doit être protégé, c'est contre tous les risques habituels du travailleur. La mutualité est, elle aussi, une forme de l'assurance. Quelle sera la situation du blessé devant la mutualité? Deux tendances ont paru, ces temps derniers, susceptibles de faire croire que cette situation serait défavorable. D'une part certaines sociétés de secours mutuels ont refusé des adhésions d'invalides de la guerre comme ne présentant pas le minimum de force et de santé physique exigé par leurs règlements; d'autre part une faveur, méritée d'ailleurs, a été accordée par l'opinion publique aux essais de constitution de sociétés de secours mutuels *de mutilés*. On a trop généralement déduit de ces deux tendances que le blessé de guerre n'avait plus sa place dans les mutuelles ordinaires, ni par analogie dans les sociétés coopératives de production. Il n'en est rien, et M. Albert Métin a précisé sur ce point les droits des blessés.

Dans une circulaire du 10 février 1916, le ministre du Travail rappelle aux préfets que « la création de groupements spéciaux de mutilés ne doit être qu'une exception » et qu' « elle ne s'imposerait que dans le cas où des groupements normaux n'admettraient pas parmi eux les mutilés aux conditions statutaires ».

Le ministre espère que ce cas ne se présentera pas, et il ajoute :

« Je vous signale tout spécialement l'intérêt qu'il y aurait à faire connaître aux sociétés de secours mutuels qu'elles ont le devoir de conserver ceux de leurs membres qui comptent parmi les mutilés de la guerre, et que les principes mêmes sur lesquels elles sont fondées leur font une obligation de recevoir dans leur sein, au même titre que les autres sociétaires, ceux des mutilés qui désireraient y être admis.

« De même est-il essentiel d'avertir les mutilés qui étaient avant la guerre membres de sociétés de secours mutuels, qu'ils ne sauraient, en raison de leur infirmité, être exclus de ces associations. Il est d'autant plus nécessaire de fixer les intéressés sur leurs droits à cet égard que si on laisse les mutilés croire qu'ils ont besoin de former des sociétés de secours mutuels composées d'eux seuls, qu'ils ne peuvent attendre que d'eux-mêmes les secours mutualistes, l'habitude pourrait s'introduire de ne pas les conserver ou de ne pas les admettre dans les associations ordinaires. C'est là une hypothèse que toutes les sociétés voudront repousser dès qu'elle leur sera présentée, et je compte sur vous pour faire le nécessaire à cet égard.

« Les mêmes prescriptions s'appliquent en ce qui concerne les associations coopératives de production.

« Ici encore, si on est obligé de concevoir, pour certains blessés plus durement frappés, des travaux spéciaux, et peut-être des établissements isolés, il me paraît de toute nécessité que tous ceux qui peuvent faire un travail normal soient, autant que possible, mis au labeur à côté des normaux et inscrits dans les mêmes sociétés qu'eux.

« Par ce moyen, on sauvegardera la dignité morale des glorieuses victimes de la guerre et on leur assurera, dans toute la mesure du possible, les mêmes conditions matérielles qu'aux autres citoyens. Ce double but doit être poursuivi avec méthode et persévérance. »

Mais la mutualité, comme la coopération, ne protégeront que peu de blessés. La plupart de ceux-ci, qui n'appartiendront à aucune société, ne pourront bénéficier de leurs avantages. C'est pour eux qu'un grand nombre de députés demandent avec M. Honnorat, l'institution d'une assurance contre l'invalidité et la maladie[1], organisée conformément aux dispositions de la loi sur les retraites ouvrières, avec des avantages nouveaux, bonification maximum, exemption de délais, allocations spéciales, etc....

Cette assurance, en ce qui concerce plus particulièrement la maladie, sera réalisée soit par des organismes créés par l'État, soit par l'affiliation obligatoire à des mutualités d'un genre particulier, offrant tous les avantages et toutes les garanties désirables. De la sorte le réformé et le mutilé seraient à l'abri des infortunes et pourraient envisager en toute sécurité l'avenir tranquille qu'ils ont gagné sur le champ de bataille.

1. Ch. des D., 1916, 2312. (Voir aux *Annexes*, IV-IV.)

## CHAPITRE XII

### LE PLACEMENT

La rééducation professionnelle n'est qu'un moyen. Si, par impossible, on arrivait à l'assurer à tous les blessés, on n'aurait encore accompli que la moitié de la tâche qui s'impose. Le métier qu'il aura appris, il ne faut pas laisser au mutilé seul le soin d'en tirer parti. Nombreux seront les cas où celui-ci se placera ou s'installera à son compte sans trop de difficultés. Bien plus souvent cependant il éprouvera de la peine à se mettre en rapport avec un employeur qui l'ignorera tout en ayant besoin de lui; ou à faire les premiers frais d'installation d'un atelier patronal; ou encore, cet atelier installé, à s'ouvrir les débouchés indispensables à l'alimentation de son travail. Et puis il n'y a pas que le mutilé rééduqué à considérer; il y a le blessé dont l'infirmité sera compatible avec la reprise presque immédiate d'un labeur rémunéré, et qui, lui aussi, devra trouver sans trop de délais la place ou la clientèle qu'il lui faudra pour vivre de son métier. Enfin cette main-d'œuvre nouvelle et particulière ne sera pas mise à la disposition de la production sans qu'il en résulte quelques heurts, quelques difficultés provenant de la concurrence que redoutera d'elle la main-d'œuvre valide, qu'il s'agisse de la différence des salaires, de la disparité des modes de travail, des assurances, etc. Tout cela fait que la rééducation professionnelle serait une œuvre incomplète, si elle devait se suffire à elle-même et si l'action publique et privée s'arrêtait brusquement à la sortie de l'école ou de l'atelier d'apprentissage.

Il faut au contraire que, dès l'école ou l'atelier d'apprentissage, le mutilé soit assuré qu'on se préoccupe de le placer et de lui conserver, dans la vie, l'aide et la protection qu'il a trouvées auprès de ses rééducateurs. Cette préoccupation implique une œuvre de placement qui, par le but qu'elle se proposera comme par les difficultés qu'elle aura à aplanir, ne sera pas moins importante que celle de la rééducation.

Au lendemain de la guerre — et déjà même! — le problème de la main-d'œuvre sera sans doute l'un des plus difficiles et l'un des plus urgents à résoudre. La mort a fauché dans les rangs du prolétariat d'effroyable façon. Elle a ravi au travail national ses meilleurs, parce que ses plus jeunes et ses plus vigoureux ouvriers. Notre pays, déjà pauvre d'hommes avant les hostilités, en manquera plus encore au moment même où il lui en faudra le plus pour vaincre dans la moins sanglante mais non moins tragique lutte économique! Ce ne sont pas seulement ses fils qui lui feront défaut. Ce seront aussi ces nombreux ouvriers étrangers que nourrissait notre sol depuis tant d'années. Nous ne regretterons pas les 110000 Allemands ou Austro-hongrois qui ont préparé l'invasion un peu dans toutes les branches de notre commerce et de notre industrie. Mais les 400 000 Italiens, les 320 000 Belges qu'on trouvait dans nos mines, dans nos usines, dans nos grandes entreprises, croit-on qu'ils reviendront alors que leurs patries respectives auront comme la nôtre besoin de toutes leurs forces pour réparer les maux de la guerre? Double déficit de main-d'œuvre nationale et de main-d'œuvre immigrée dont il faudra chercher la compensation si l'on veut vraiment mettre la France en état de profiter de sa victoire certaine.

Où trouver cette compensation? Dans le travail féminin? On aurait tort d'y trop compter. Depuis longtemps les femmes travaillent. Il est vrai que la mobilisation a accru le nombre de celles-ci en obligeant beaucoup de mères ou de jeunes filles à quitter le foyer pour de petits emplois ou même de gros travaux. Mais la paix rendra l'immense majorité de ces ouvrières occasionnelles à leurs maris, à leurs enfants où à leurs parents.... Il faudra bien trouver autre chose; car, personne ne le conteste, il serait déplorable d'implanter chez nous les jaunes ou les noirs dont on est bien forcé d'utiliser le travail en ce moment. Si l'on ne peut, comme l'héroïque soldat de la tranchée, crier : « Debout les morts! », au moins sera-t-il nécessaire de dire : « Debout les blessés! au travail! ».

Nos glorieux soldats mutilés, on peut en être sûr, répondront tous à l'appel et y trouveront leur propre intérêt. Mais l'emploi de la main-d'œuvre des invalides ne sera pas aussi simple qu'on l'imagine communément. Il soulèvera des difficultés d'ordre corporatif et social dont la solution ne saurait demander trop d'attention et exigera des précautions qui doivent être étudiées dès maintenant.

Le mutilé, avec sa capacité de travail restreinte, n'est déjà pas un ouvrier ordinaire. Le mutilé de guerre, avec sa pension, est un salarié bien plus différent encore. A moins qu'il ne soit capable de la même somme de production que son camarade valide, il ne pourra espérer gagner autant que lui. Mais de ce fait même il risquera d'être exploité par un patron peu scrupuleux à la recherche d'un ouvrier à bon marché se contentant d'un maigre appoint à sa pension. C'est un danger que M. Jouhaux a signalé.

« Au sortir des écoles, écrit-il, les rééduqués professionnellement doivent trouver des garanties contre l'exploitation abusive. Il ne faut pas que le patron puisse spéculer sur les rentes acquises, pour offrir aux mutilés des salaires de famine. Pour cela, la fixation d'un salaire minimum nous paraît chose indispensable.

« Certes, nous reconnaissons qu'il y a là de grandes difficultés pour l'application, car le salaire minimum suppose une connaissance de la capacité professionnelle de l'ouvrier, ce qui est délicat.

« Ce n'est pas néanmoins impossible, surtout si l'on tient compte pour la fixation de ce salaire au-dessous duquel les patrons ne pourraient pas descendre, des us et coutumes des différentes corporations. Ce minimum peut être indifféremment établi à l'heure, à la journée ou aux pièces, quoique cette forme de rétribution du travail accompli répugne, et non sans raison, à la grande majorité des salariés[1]. »

Le secrétaire général de la Confédération du Travail envisage d'ailleurs la question du salaire minimum au point de vue corporatif général. En dehors même d'une exploitation patronale, bien des mutilés pourraient, à la faveur de leur pension, accepter de concurrencer des travailleurs valides en se contentant d'une paie diminuée :

« Pour garantir les droits acquis de la corporation, continue M. Jouhaux, nous nous devons de réclamer qu'en aucun cas le patronat ne puisse arguer de l'emploi d'un grand nombre de mutilés dans telle ou telle profession, pour tenter une modification, avantageuse pour lui, des tarifs établis.

« La fixation d'un minimum de salaire est une mesure qui doit intervenir en premier lieu, pour éviter une dépréciation de la main-d'œuvre. Le Parlement ne peut se refuser à la voter, parce que, sur un terrain beaucoup plus délicat, celui du travail à domicile, le Sénat, heureusement inspiré, vient de le décider. »

La réglementation du salaire suffira-t-elle à faciliter l'emploi des blessés de guerre dans l'industrie? Le groupe socialiste parlementaire ne le croit pas. Il est d'avis que cet emploi doit être rendu obligatoire pour les patrons, par la loi même. Et il a déposé, signée de tous ses membres, une proposition dont l'objet est justement d'organiser cette obligation[2] pour

1. *Bataille Syndicaliste*, 20 mai 1915.
2. Ch. des D., 1915, n° 1 337. Proposition Pressemanne.

« tous les employeurs, de quelque catégorie qu'ils soient, qui occupent : ou plus de 5 ouvriers ; ou plus de 10 ouvrières ; ou plus de 7 ouvriers et ouvrières, français ou étrangers ». Trois comités, cantonal, départemental et central, constituant ensemble un Office de placement, seraient chargés de la répartition des mutilés entre les patrons et de la fixation des salaires d'accord avec les employeurs. La sanction serait une amende calculée a raison de 3 francs par jour de non emploi.

L'heure n'est pas encore venue de rechercher si une telle législation est indispensable. Ce n'est que longtemps après la guerre, quand la main-d'œuvre sera redevenue suffisante, qu'on pourra craindre le chômage des blessés rééduqués, non pas même du fait de la concurrence des valides, mais à cause peut-être du développement du travail des femmes. Pour le moment la question ne se pose pas. Pratiquement tous les mutilés qui peuvent et veulent travailler sont à même de trouver de l'ouvrage.

Jusqu'à présent, les œuvres privées dont nous avons montré l'action se sont plus particulièrement appliquées à procurer cet ouvrage à leurs protégés. Elles ont surtout rempli le rôle habituel des bureaux de placement et obtenu des résultats très satisfaisants dus aux circonstances mêmes, exceptionnellement favorables à l'embauchage des victimes de la guerre et à l'entente entre employeurs et salariés. Mais la guerre finira, le temps viendra où l'empressement sera moins grand à remplir un devoir de solidarité nationale qui ne sera pas strictement conforme à l'intérêt matériel. A ce moment les œuvres privées suffiront-elles à la tâche qu'elles assument actuellement? D'autre part, et par la force des choses, le placement est aujourd'hui hâtif et partant n'est ni raisonné ni méthotique. Aussi bien dans l'intérêt du mutilé que dans celui de la production, cela ne peut pas durer au delà des hostilités. L'utilisation rationnelle de toutes les forces productives, au mieux de leur rendement et au mieux des nécessités économiques, s'imposera comme l'un des facteurs indispensables de notre relèvement, et on ne peut l'espérer si l'on s'en remet entièrement à l'initiative privée du soin du placement des mutilés. Il faut organiser ce placement et l'organiser dès maintenant.

C'est ce qu'avait compris, dès le mois de juin 1915, le ministère du Commerce en envisageant la création d'un office national de la rééducation professionnelle dans les attributions duquel ce placement entrait [1].

L'idée fut reprise deux mois plus tard par la Chambre de Commerce de Paris, adoptant, le 4 août 1915, les conclusions que lui présentait M. Crinon au nom de sa Commission de législation industrielle et commerciale, dans un rapport tendant à l'organisation d'un *Office d'offres d'emplois des Mutilés de la guerre*. Cet office, disait M. Crinon, « recevrait les offres des patrons. Quant au taux du salaire qui lui permettrait de transmettre leurs

1. Rapport de M. le Directeur de l'Enseignement technique à M. le Ministre du Commerce sur la Rééducation professionnelle des blessés de la Guerre, 3 juin 1915 (M. Bittard, rédacteur).

demandes aux œuvres de placement, il s'abstiendrait d'autant plus nécessairement de le fixer à l'avance, que ce salaire devra varier suivant la profession embrassée par les mutilés. Il se bornerait à apprécier les offres faites, et transmettrait celles qui lui paraîtraient suffisantes. Cette intervention discrète, se produisant dans des circonstances tout à fait exceptionnelles et à propos d'une main-d'œuvre dont nous chercherions en vain des exemples, ne blesserait personne, et nous estimons même qu'elle sera généralement approuvée par les industriels eux-mêmes, désireux de ne pas être soupçonnés d'avoir eu l'intention d'abuser du travail des mutilés. Le rôle joué par la Chambre de Commerce, dans les conditions que nous indiquons, écarterait certainement la possibilité d'une opposition quelconque de la part des groupements corporatifs ouvriers, qui seraient assurés que l'embauchage ne serait pas pratiqué moyennant un salaire abusif ».

Le vœu de M. Crinon, bien qu'il eût rencontré quelque faveur parmi les œuvres privées qui acceptaient d'aider à sa réalisation, resta sans suite. Mais l'idée faisait son chemin. Le 9 décembre 1915, M. Violette déposait une proposition de loi « tendant à créer un Office national pour le placement des réformés de guerre »[1], auprès du ministère du Travail et correspondant avec des bureaux de placement départementaux légalement constitués. Un peu plus tard, par arrêté du 29 février 1916, M. le général Galliéni instituait auprès de son cabinet

1. Ch. des D., 1915, n° 1 537.

l'Office proposé par M. Violette et lui donnait comme mission : 1° De centraliser et d'instruire les demandes d'emploi faites par les militaires retraités ou réformés ou en instance de retraite ou de réforme à la suite de blessures ou de maladies contractées au cours de la guerre, dont les aptitudes physiques permettent l'utilisation immédiate, en vue d'assurer leur placement de concert avec les Offices dépendant du ministère du Travail; 2° D'étudier les questions se rapportant à la meilleure utilisation pour la vie économique du pays des grands blessés et des mutilés dont la capacité de travail s'est trouvée diminuée du fait de leurs blessures.

Ce ne devait d'ailleurs être là qu'une institution sur le papier. En effet, à peine créé, le nouvel Office fut réorganisé à la suite d'un accord entre le ministre de la Guerre et son collègue du Travail. Un arrêté interministériel, du 2 mars 1916, signé du général Galliéni, de M. Albert Métin et de M. Malvy, décide que « l'Office national des mutilés et réformés de la guerre réunit en vue d'une action commune les institutions ci-après :

« 1° L'Office de centralisation et d'études institué auprès du ministère de la Guerre par arrêté du 29 février 1916;

« 2° La Commission instituée auprès du ministère de l'Intérieur pour régler l'organisation des centres professionnels destinés à la rééducation des blessés de la guerre, estropiés ou mutilés, et les centres de rééducation professionnelle rattachés à ladite commission;

« 3° L'Office central de placement, institué auprès

du ministère du Travail et de la Prévoyance sociale et les Offices publics et privés de placement en relations avec cet Office ».

L'arrêté stipule en outre que les bureaux dudit Office sont installés dans les locaux dépendant de la Statistique générale de la France, 95 et 97, quai d'Orsay, et 2, avenue Rapp, et détermine que le nouvel organisme sera administré par une commission composée de deux délégués de chacun des ministères intéressés, à laquelle un autre arrêté, du 16 mars 1916, adjoint un conseil de perfectionnement dans lequel seront représentées les œuvres privées s'occupant des mutilés et réformés de guerre[1].

Ces arrêtés ne contiennent, ni l'un ni l'autre, de dispositions en ce qui concerne les attributions de l'organe ainsi créé. Seule une note officieuse, communiquée aux journaux, a fait connaître que le but des nouvelles dispositions prises était de centraliser les recherches et les renseignements touchant au placement des mutilés de guerre[2].

1. Ce même arrêté fixe la composition de la Commission administrative de l'Office, comme suit :

Le ministre du Travail, président; M. March, directeur de la Statistique générale, vice-président; M. Fagnot, chef de l'Office central de placement, le capitaine Billault et le lieutenant Petel, délégués du ministre de la Guerre; M. Calmès, préfet honoraire, directeur des journaux officiels; le Dr Bourrillon, directeur de l'Asile national de Vacassy, délégué du ministre de l'Intérieur, membres.

2. Les conditions dans lesquelles doit être assuré le placement des mutilés de la guerre ont été indiquées dans une circulaire du ministre du Travail aux préfets, du 10 février 1916, dont voici le texte :

« La question s'est posée de savoir s'il y avait lieu, pour les pouvoirs publics, de créer des institutions spéciales pour le placement des réformés et mutilés de la guerre.

Depuis lors, un troisième arrêté du ministre de la Guerre est intervenu le 11 mai 1916, qui reprend l'idée première du général Galliéni et érige en « Service de placements des mutilés et réformés de guerre » la

« Après un examen approfondi de la question, il a paru à M. le ministre de la Guerre et à moi que, lorsqu'il s'agissait — et c'est heureusement le cas le plus fréquent — de réformés ou de mutilés susceptibles d'être employés à nouveau dans des conditions à peu près normales, la question du placement pour cette catégorie de travailleurs se posait de la même façon que pour les ouvriers ordinaires. Sans doute, la capacité de travail peut avoir été réduite du fait de la maladie ou de la mutilation; mais, parmi les ouvriers ordinaires eux-mêmes, il y a des différences, parfois sensibles, de force physique et de capacité professionnelle.

« Si l'on confiait systématiquement à des institutions spéciales le placement des réformés ou mutilés, il y aurait à craindre que ces travailleurs ne soient pas employés dans des conditions normales de rémunération. Le fait qu'ils jouissent d'une pension militaire peut, en effet, les inciter à accepter des places rémunérées à un taux inférieur à celui des ouvriers ordinaires. De là, la possibilité de conflits, d'une part, entre les ouvriers normaux et les mutilés ou réformés que les premiers accuseront de travailler au rabais, d'autre part, entre les employeurs occupant des ouvriers normaux et ceux qui constitueraient des ateliers formés, principalement ou exclusivement, de mutilés ou réformés rémunérés à des prix inférieurs.

« En outre, les offices créés spécialement pour les réformés ou mutilés auraient tendance à concentrer ces travailleurs dans un petit nombre de professions et établissements, alors qu'il est de l'intérêt de la société, comme de l'intérêt des réformés ou mutilés eux-mêmes, que ceux-ci soient replacés, toutes les fois que c'est possible, dans leur profession antérieure et dans la région même dont ils sont originaires et où ils retrouveront le plus souvent leur famille et leurs relations habituelles.

« Pour toutes ces raisons, je vous prie d'inviter les offices publics de placement existant dans votre département, bureaux municipaux ou départementaux, à accueillir dès maintenant les demandes d'emploi qui leur seraient faites par les mutilés ou réformés originaires de leur région, et même à provoquer, par la voie d'avis revêtant toutes les formes utiles de publicité, l'envoi de ces demandes d'emploi. Ils devront s'attacher à replacer les mutilés ou réformés, autant que possible, dans leur milieu originaire et dans leur métier antérieur.

partie de l'Office constituée par le bureau primitivement créé le 29 février, et le rattache au Service général des pensions. Une circulaire de la même date — dont l'application a d'ailleurs été suspendue quelques jours après par une nouvelle décision ministérielle — donnait à ce service une extension et une importance telles qu'il devait avoir des annexes dans toutes les régions, annexes qui seraient superposées aux offices départementaux de placement don le ministère du Travail est si décidé à développer l'action...

Ce n'est pas de ma faute si l'histoire de ces créations successives est confuse et paraît peu cohérente : elle témoigne d'hésitations, de rivalités, de fausses manœuvres qui ont abouti à placer l'une à côté de l'autre des caricatures d'administrations faisant double emploi et se gênant souvent, rien que pour le placement des mutilés, alors que le rôle de l'Office « national » n'eût pas dû être aussi restreint.

« Toutefois, s'ils se trouvent en présence de mutilés ou réformés dont la capacité fonctionnelle ou professionnelle semble encore susceptible d'amélioration, les offices publics devront adresser les fiches les concernant à l'Office central de placement institué auprès de mon département qui, de concert avec le bureau spécial de recherches et de renseignements pour les mutilés et réformés créé par M. le ministre de la Guerre, s'occupera de les diriger vers une institution de rééducation fonctionnelle ou professionnelle. Cette mesure est destinée à les mettre, le mieux possible, en état de reprendre leur place dans les occupations normales de la vie nationale, but que nous devons tous poursuivre d'un commun accord.

« Je vous serais très obligé de bien vouloir faire part des présentes instructions à tous les offices publics de placement existant dans votre département et de me faire connaître la suite qui aura été donnée par ces offices aux présentes instructions. — ALBERT MÉTIN. »

Quoi qu'on lise, en effet, dans la circulaire envoyée récemment aux préfets par l'Office que les arrêtés des 2 mars et 11 mai ont institué au quai d'Orsay, et bien qu'une commission de rééducation lui ait été ajoutée après coup, cet office n'a été jusqu'alors qu'un simple bureau de placement. Bureau de placement du reste fort bien compris, faisant remplir des fiches recevant et transmettant des offres et demandes d'emplois, mais ne sortant guère de cet honnête et méticuleux travail et n'ayant pas fait grand'chose jusqu'à présent pour tenter de résoudre un problème qui, à première vue, semble dépasser ses moyens[1].

Ce rôle restreint sera élargi, espérons-le, si le Sénat vote la proposition de loi que la Chambre a adoptée le 24 mars dernier, portant création, sur la base de l'organe déjà existant, d'un Office national de la rééducation professionnelle dont nous parlerons au chapitre suivant.

Même dans une institution ainsi agrandie, les questions de placement devront être au premier rang. Dresser un état de tous les débouchés, de tous les besoins du commerce comme production, de tous les besoins de la production comme main-d'œuvre et, d'autre part, de toutes les disponibilités des centres de rééducation en apprentis définitivement formés; établir des salaires moyens de chaque

1. L'Office n'a pas fait connaître encore les résultats de son action. Au contraire, le service de placement du ministère de la Guerre a annoncé qu'il disposait d'environ 3 000 emplois et qu'il avait placé à peu près 900 mutilés.

profession et, dans chaque profession, de chaque spécialité; procurer, s'ils les lui demandent, aux industriels tous les renseignements en vue du meilleur aménagement de leurs ateliers ou de la plus ingénieuse appropriation de leurs machines et outils; servir au besoin de conciliateur et d'arbitre dans les litiges, c'est une tâche de toute première importance pour un office de placement et, dans un office général, pour la section qui aura le placement dans ses attributions.

A cette tâche, d'autres d'ailleurs devront s'ajouter comme ses conséquences naturelles. Utiliser le mieux possible les débouchés existants pour le placement des mutilés, c'est bien; en créer de nouveaux et créer en même temps de nouveaux modes d'écoulement des produits, c'est mieux. Le champ d'action qui s'ouvrira de ce côté après la guerre sera vaste. Si nous le voulons, nous pouvons avoir la clientèle du monde entier pour tout ce qui concerne l'objet riche, l'industrie d'art et le petit article, dit article de Paris. Le mot de Colbert est toujours vrai, que la France vivra par ses industries de luxe, c'est-à-dire par le travail de ses artisans, parce qu'elle ne peut être concurrencée par personne pour le goût dans la conception, pour le fini dans l'exécution, pour la variété dans la production. Cela est français et n'est que français. Ces professions sont celles qui peuvent le mieux s'exercer au foyer, chez soi. Elles sont de celles que des mutilés peuvent pratiquer, qu'il s'agisse, nous l'avons vu, de meubles, de céramique, de tabletterie, de dentelle, de tapisserie, de vannerie, de jouets, etc.. Mais il ne suffira pas d'orienter vers elles le plus de mutilés qu'on pourra : il faudra organiser l'écoulement régulier des produits.

La difficulté résidera dans la dispersion des producteurs travaillant chez eux et dans l'impossibilité matérielle où ils seront presque tous d'être à la fois artisans et marchands. Là doit intervenir l'Office : c'est à lui de donner des vendeurs, des agents commerciaux aux producteurs; à lui aussi de faciliter et même de provoquer la constitution de sociétés coopératives de production entre mutilés. La nouvelle loi du 18 décembre 1915 sur les sociétés coopératives ouvrières de production et de crédit ne contribuera pas peu à l'aider dans ce sens. Le statut qu'elle donne à ces associations est le plus favorable qu'on pouvait souhaiter, puisqu'il leur permet de prendre à leur gré la forme des sociétés anonymes ou en commandite, de bénéficier des avantages du crédit à long terme accordés déjà au petit commerce et à la petite industrie, et de recevoir des dons et legs, des subventions et encouragements des pouvoirs publics et des avances sur compte spécial du Trésor faites à intérêt réduit, soit directement, soit par l'intermédiaire de banques ouvrières coopératives créées par la même loi.

En dehors des coopératives, les mutilés peuvent trouver aussi des débouchés par l'intermédiaire des chambres de Commerce utilisées par l'Office comme liens entre les producteurs et les commerçants. Il n'est pas jusqu'à la collaboration de nos agents commerciaux à l'étranger, de nos consuls, de notre Office du Commerce extérieur, qui puisse être étudiée et préparée avec fruit par l'organe chargé du placement, non seulement de nos blessés, mais des produits de leur travail.

L'action de cet organe — Office ou section d'Office — ne doit pas, au surplus, se borner à cela. Qui dit placement, lorsqu'il s'agit des victimes de la guerre qui sont un peu, pour leur part, les pupilles de la nation, dit aussi aide et protection. Or l'aide et la protection doivent s'étendre au delà du travail assuré et jusque dans la vie même pour faire que celle-ci soit le moins dure possible au brave qui l'a risquée et qui en a perdu une partie pour le salut commun.

Beaucoup d'entre eux, comme d'ailleurs beaucoup de mobilisés non blessés, éprouveront, aux premiers pas qu'ils feront dans la vie civile, des difficultés matérielles et pécuniaires, qu'ils ressentiront très vivement lorsqu'ils désireront s'établir à leur propre compte, ouvrir la petite boutique de tailleur ou de cordonnier ou le petit atelier de vannier ou de tailleur de pierres fines, dans le village natal. C'est alors que le « pécule » amassé à l'école de rééducation sera apprécié au-dessus même de sa valeur comme appoint immédiat du terme modeste de la pension.

Il ne suffira pas toujours cependant. Le moindre outillage coûte cher. C'est ce qu'a pensé l'*Association pour l'Assistance aux mutilés pauvres* dont nous avons déjà parlé et qui, sur l'initiative de son président, M. Bourlon de Sarty, a organisé un service de « prêts d'honneur » pour lequel elle est subventionnée par l'État. Les avances que l'Association consent aux seuls élèves ayant terminé leur apprentissage dans une école de rééducation professionnelle, sont faites « sur l'honneur » simplement, et calculées de façon à permettre l'établissement des invalides, de préférence dans les campagnes.

Le retour au pays, à la terre s'il se peut, c'est en effet la préoccupation qui doit dominer dans l'établissement des mutilés. C'est elle qui a dicté plusieurs propositions d'initiative parlementaire dont le but est identique et pareil l'intérêt : donner aux blessés les moyens de devenir propriétaires, puisque ceux qui jusqu'alors se sont voués à la rééducation des mutilés d'origine paysanne sont d'accord pour reconnaître, ainsi que l'a dit M. Paul Souchon à l'Académie d'Agriculture, qu'*à part ceux qui ont la certitude de retrouver au village une exploitation à leur compte*, la plupart préfèrent apprendre un métier urbain.

Pour atteindre ce but, M. Nouhaud demande, par voie de résolution, au gouvernement de « procurer aux mutilés les moyens de bénéficier des lois sur les habitations à bon marché et sur la petite propriété, dans les conditions les plus favorables; — MM. Queuille, Eynac et Laffont proposent que l'État verse au mutilé : 1° un capital égal au quart de celui qui est nécessaire à l'établissement de sa pension, ce versement étant définitif et la pension se trouvant réduite d'un quart, conformément au dispositif de l'article 9 de la loi du 9 avril 1898; 2° une avance d'un capital égal au précédent, portant intérêts, et dont le remboursement sera garanti, le cas échéant, par une retenue sur la pension, le tout en vue de l'acquisition d'une propriété qui devra être exploitée par le mutilé lui-même et qui restera la jouissance de sa femme s'il disparaît; — M. Bonnevay et plusieurs de ses collègues demandent que les mutilés qui acquerront une petite propriété ou une maison à bon marché dans les conditions de la loi du 10 avril 1908, soient dispensés de l'obligation de justifier qu'ils possèdent le cinquième du prix du terrain ou de la maison, à condition qu'ils affectent au paiement du cinquième de l'annuité de remboursement la portion nécessaire des arrérages de leur pension; de plus les actes d'acquisition de terres d'une valeur de 1 200 francs au maximum, que les fermiers, métayers ou ouvriers agricoles ayant fait campagne s'engageront à cultiver eux-mêmes pendant dix ans, seront dispensés de tous droits de mutation; — enfin, M. Jules Siegfried préconise le droit par le mutilé ou pensionné qui voudra devenir propriétaire conformément aux dispositions des lois sur les habitations à bon marché et sur le crédit agricole à long terme, de faire convertir sa pension en un capital dont la destination sera strictement limitée audit objet, le bien acquis étant inaliénable et insaisissable pour la partie de sa valeur représentant le capital obtenu par la conversion de la pension[1].

Tant de propositions diverses et diversement intéressantes révèlent des aspects multiples et variés de la question du placement, et laissent entrevoir combien sera vaste le rôle de l'administration qui aura charge de la résoudre par une organisation rationnelle et par

1. Ch. des D., 1915 et 1916, n[os] 1 693, 1 740, 1 798, 1 958.

une mise au point de tous les problèmes connexes et de toutes les solutions différentes que comporte chacun d'eux. Ce rôle sera d'autant plus vaste et d'autant plus utile qu'il s'inspirera davantage de la nécessité de mettre chaque homme à sa place, dans les meilleures conditions, pour le développement économique de l'après-guerre.

## CHAPITRE XIII

### ORGANISATION GÉNÉRALE DE LA RÉÉDUCATION PROFESSIONNELLE

Quand on examine, comme nous venons de le faire, le problème de la rééducation professionnelle à la lumière des faits, on est forcément amené à cette constatation que sa solution ne peut se trouver dans la multiplication pure et simple des efforts dispersés auxquels nous avons assisté jusqu'à présent, mais doit au contraire être recherchée dans une organisation générale nouvelle de coordination et d'action, assez vaste pour répondre à tous les besoins, assez souple pour se plier à des exigences fort différentes — à la fois médicales, techniques, professionnelles, économiques et sociales —, assez homogène pour vivre d'une vie réelle et pour obtenir des résultats tangibles dans un minimum de temps et avec un minimum de dépenses budgétaires.

Ce qui a été fait depuis dix-huit mois est, nous l'avons vu, à la fois divers et disparate. Écoles, ateliers, œuvres, ont poussé remarquablement vite et parfois remarquablement bien, mais souvent aussi ont manqué leur but, épuisé trop rapidement un effort digne d'un meilleur résultat, se sont en bien des cas gênés les uns les autres, et ont en général témoigné de plus de bonne volonté chez leurs auteurs que d'utilité vraie dans leur action. Il devait en être ainsi. On ne pouvait raisonnablement attendre ni méthode ni unité, ni par conséquent rendement exactement proportionné, d'un grand mouvement spontané de générosité populaire et de solidarité nationale. Né des événements, intensifié à la mesure même de ceux-ci, ce mouvement, se développant sur un terrain presque neuf, sur lequel en tout cas la France n'avait presque encore rien construit, devait fatalement créer au hasard et produire des erreurs à côté de types excellents d'organisation rapide et pratique.

De cette diversité, de cette disparité, de ce chaos se sont cependant vite dégagées des indications très nettes, très précises, qui permettent de puiser dans les leçons d'une expérience réduite dans le temps, mais déjà suffisamment probante pour ne pas paraître prématurée, les éléments de l'organisation générale à réaliser.

La base même de cette organisation doit être une collaboration étroite de l'initiative privée avec les pouvoirs publics. Les initiatives privées agissant seules, c'est la continuation de ce que nous déplorons : la floraison incohérente d'œuvres nombreuses, mais éphémères, et qui toujours finissent — quand elles ne commencent pas — par solliciter l'argent de l'État pour vivre tout en criant très fort qu'elles seules peuvent faire ce dont l'État est incapable;

c'est la dispersion au gré de chaque promoteur d'activités et de ressources précieuses dont une utilisation rationnelle aurait obtenu le maximum de rendement; c'est enfin le danger, plus grand qu'on ne pense, de trop d'écoles créées aux mêmes endroits, de trop d'écoles enseignant les mêmes professions, alors que certains métiers ne seraient appris à personne, alors que certaines régions seraient dépourvues d'ateliers dont elles eussent eu besoin ou qu'elles eussent pu faire prospérer. L'action exclusive de l'État, c'est par contre le risque du formalisme administratif, de la restriction de l'initiative indispensable par une réglementation trop étroite, de la lenteur bureaucratique anémiant tout effort, de la peur des responsabilités stérilisant les conceptions les plus heureuses et les idées les plus justes; c'est aussi la limitation souvent nécessaire, mais quelquefois fâcheuse, des moyens financiers. Si la première apporte sa surabondance de vie et de pécune, sa force créatrice et expansive; si l'autre donne sa méthode, son unité, l'autorité particulière qui lui vient de la puissance publique, on a chance de voir les deux actions conjuguées neutraliser leurs défauts respectifs et réaliser l'œuvre exactement nécessaire par l'harmonieuse application de leurs qualités propres à une tâche commune.

C'est ainsi seulement d'ailleurs que la réadaptation des blessés au travail peut devenir le grand service national qu'elle doit être. Car l'expérience a aussi démontré que le devoir qui incombe à la collectivité envers ceux dont elle est l'obligée doit être rempli par elle avant tout, sinon exclusivement.

N'y aurait-il pas danger, en effet, à laisser ce soin à des groupements particuliers qui risquent, une fois la guerre finie, de représenter dans la détente inévitable de l'« union sacrée » des tendances différentes entre lesquelles il y aura soit divergence d'opinions, soit antagonisme d'intérêts, et au profit desquelles ils pourraient être tentés d'exploiter les services rendus ou de dresser les uns contre les autres ceux qui furent les héros et les victimes de la seule et même cause française? Ce danger est apparu, d'ores et déjà. D'une part le *Temps* et la *Bataille syndicaliste* ont ouvert des polémiques regrettables sur le sens plus ou moins corporatif qui doit ou ne doit pas être donné au placement des mutilés. D'autre part le « Comité d'action » de la Bourse du travail a saisi les pouvoirs publics d'un ordre du jour où on lit : « Le Comité d'action considère que, si la rééducation professionnelle des mutilés de la guerre est une chose désirable, pour avoir son plein effet et atteindre son but, cette rééducation ne doit pas être dispersée, ni livrée à des initiatives personnelles quelquefois désintéressées, mais, dans la plupart des cas, trop intéressées pour être sérieuses, loyales et efficaces. — C'est pourquoi le Comité d'action, tout en attirant l'attention des organisations sur la nécessité de cette rééducation professionnelle, les met en garde, ainsi que les mutilés, contre certaines entreprises privées qui prétendent rééduquer professionnellement les mutilés de la guerre et leur procurer un emploi. Ces entreprises privées ou journaux de bluff et d'affaires n'offrent, à ses yeux, aucune des garanties indispensables à de tels objets ».

Cela suffirait presque à faire comprendre que, si la rééducation professionnelle peut être accessoirement l'objet des préoccupations de l'initiative privée, c'est dans les attributions propres de l'État qu'elle doit entrer, par son essence même. En tant que complément de la pension, c'est-à-dire de la réparation nationale, en tant que facteur de la production future, elle constitue au même titre que les retraites ouvrières, ou que les œuvres d'enseignement professionnel, un service public dont l'administration ne peut être laissée à des soins officieux.

Ce service public ne saurait d'ailleurs être que temporaire. Dans son rapport sur les crédits additionnels aux crédits provisoires pour 1915, M. Albert Métin, depuis lors ministre du Travail, écrivait à propos de la rééducation professionnelle et de l'inscription d'un crédit d'un million au chapitre 30 *bis* du budget du ministère de l'Intérieur pour les dépenses en résultant : « Votre Commission s'inquiéterait d'un programme qui proposerait de grandes écoles spéciales dans les grands centres; elle craint que de la sorte on s'expose au reproche de mettre trop d'argent en bâtiments, matériel et personnel, en proportion des services rendus aux victimes de la guerre ».

Réserve fort juste : il ne peut s'agir d'une œuvre de longue durée, puisque par destination la rééducation professionnelle est limitée dans le temps, les blessés n'ayant intérêt à refaire un apprentissage qu'à condition d'être rendus le plus tôt possible à la vie normale et au travail. C'est quelques années tout au plus qu'on peut consacrer à la réadaptation telle que nous l'avons envisagée. Il y aurait folie à bâtir et créer des écoles uniquement appliquées à une mission aussi temporaire. La France dispose des établissements d'enseignement professionnel qu'il suffira d'adapter, en partie, au besoin nouveau. Si même on ne pouvait se contenter de ces aménagements qui ont donné d'heureux résultats, il ne faudrait encore organiser de toutes pièces des écoles nouvelles que là où, leur rôle spécial rempli envers les blessés, ces écoles pourraient servir dans l'avenir immédiat au développement nécessaire de l'éducation technique générale. On ne risquera pas, ainsi, d'engager des dépenses exagérées, et on se tiendra dans l'objet même de la rééducation qui est, en même temps que de relever la situation morale et matérielle des mutilés, d'amorcer le grand effort indispensable du relèvement professionnel général.

Orientée de la sorte, l'organisation de la rééducation professionnelle a déjà ses cadres régionaux et locaux dans les comités cantonaux et départementaux de l'Enseignement technique institués en 1911 par M. Couyba, alors ministre du Commerce[1]. Ces

1. Ces Comités, créés par décret du 24 octobre 1911, sont composés comme suit :

Les *Comités départementaux* comprennent : le Préfet ou le Secrétaire général de la préfecture, *président du Comité*; le président du Conseil général; le maire de la ville, siège du Comité, ou son délégué, et les maires des villes où existent des établissements d'enseignement technique ou leurs délégués; les présidents des Chambres de commerce et des Chambres consultatives des arts et manufactures établies dans le département ou leurs délégués; les inspecteurs de l'Enseignement technique, exerçant dans le département; l'inspecteur d'académie; un représentant du ministre du Commerce désigné par lui; *Trois* conseillers généraux élus par leurs collègues; *Quinze* membres nommés par

organismes officiels, composés d'élus locaux, de commerçants, d'industriels, de représentants des syndicats ouvriers, d'inspecteurs de l'Enseignement technique, sont tout désignés pour connaître de toutes les questions de main-d'œuvre et d'apprentissage. C'est autour d'eux, élargis s'il en est besoin par l'adjonction de délégués des autres groupements, que doivent se concentrer les efforts des chambres de commerce, des associations corporatives, des assemblées municipales et départementales, des associations d'assistance aux mutilés pour coordonner leurs initiatives, arrêter leur plan d'action commune, pourvoir de façon raisonnée à la rééducation professionnelle par les moyens les mieux appropriés à la région, et au placement des blessés rééduqués.

Rien n'a encore été fait dans ce sens : jusqu'alors chaque initiative, qu'elle soit municipale ou départementale ou privée, s'est développée séparément.

le préfet dont au moins *cinq* industriels ou commerçants et *cinq* employés ou ouvriers, choisis parmi les industriels ou anciens industriels, les commerçants ou anciens commerçants, les employés ou anciens employés et les ouvriers ou anciens ouvriers du département, les directeurs ou professeurs d'écoles techniques publiques ou privées reconnues par l'État, les membres des conseils d'administration ou de perfectionnement de ces écoles, les représentants des associations syndicales, des associations d'enseignement populaire ou autres, qui entretiennent des cours professionnels ou de perfectionnement, les membres des associations d'anciens élèves des établissements d'enseignement technique existant dans le département.

Les *Comités cantonaux* sont présidés par un Inspecteur de l'Enseignement technique ou une personne désignée par le préfet et comprennent *cinq* patrons et *cinq* ouvriers ou employés nommés par le préfet sur une liste de propositions dressée par le Comité départemental.

Le mandat est de *quatre* ans et les Comités se renouvellent par moitié tous les deux ans.

Quelques règles seulement ont été imposées par la Commission interministérielle aux *seules œuvres organisées par les départements, les communes ou les établissements publics* (chambres de commerce, hospices) qui ont sollicité une subvention de l'État[1]. Ces règles ne s'appliquent pas aux œuvres privées que le ministère de l'Intérieur ignore, son système de subvention forfaitaire n'étant compatible, selon les règles de la comptabilité publique, qu'avec des établissements publics dont la gestion peut être officiellement surveillée. Ce ne doit être qu'une raison de plus d'élargir ce système et de le compléter,

1. Ces règles sont définies dans une circulaire du ministre de l'Intérieur aux préfets. Elles peuvent se résumer ainsi :

*a*) Le principe est que l'établissement public auquel est rattaché le centre de rééducation doit fournir soit des locaux où sera installée l'école d'apprentissage, soit des ateliers d'industrie privée où se fera le placement en apprentissage.

*b*) L'établissement public devra simultanément tenir prêt un local aménagé susceptible de recevoir les élèves au moment où l'hôpital militaire les libère, ou bien prévoir l'organisation du placement dans des hôtels, dans des pensions, voire même de l'hébergement dans les familles.

*c*) La collectivité directrice devra faire connaître la part qu'elle entend prendre aux dépenses de l'École, soit par elle-même, soit par les subventions qu'elle est en mesure de s'assurer en dehors de toute subvention de l'État, de quelque ministère qu'elle vienne.

*d*) Elle devra produire ses projets de budget, de programme, de règlement intérieur; le budget devant comprendre toutes les dépenses d'achat et d'installation du mobilier, de l'outillage, les salaires du personnel et entretien des mutilés. Toutes celles de ces dépenses qui ne sont pas couvertes par les recettes propres de la collectivité le sont par une subvention de l'État qui assume ainsi le règlement du budget de l'œuvre.

*e*) Les mutilés en subsistance doivent être défrayés de tout entretien moyennant le prélèvement ordinaire de 1 fr. 20 sur l'indemnité journalière de 1 fr. 70 de ceux qui ne sont pas pensionnés. Ils doivent recevoir en outre des primes de travail et, à leur sortie, un pécule d'établissement.

pour les œuvres ne relevant pas d'établissements publics, par celui de la subvention pure et simple qui peut seul permettre d'allier efficacement l'action publique à l'action privée et de réaliser pratiquement la coordination de tous les efforts dans une même région.

C'est d'une telle coordination seulement qu'on peut attendre la meilleure utilisation de toutes les ressources locales, de toutes les bonnes volontés, et une unité de direction qui, sous le contrôle et avec l'aide des pouvoirs publics, assurera le maximum de succès à l'œuvre entreprise.

Cette unité d'action devra s'exercer dans tous les domaines : études de projets de création d'écoles dans les agglomérations industrielles qui sont le plus susceptibles d'offrir des débouchés aux mutilés et plus tard des chances de développement utile à une institution d'enseignement technique et d'apprentissage; aménagement de cours professionnels existants; appropriation d'ateliers privés; placement chez les patrons; renaissance, par le moyen de la rééducation professionnelle, des industries locales pouvant contribuer à la prospérité de la région; régularisation de la rééducation par la réglementation de l'apprentissage de chaque profession conformément aux besoins de la production régionale, et du placement par l'établissement de listes d'offres et de demandes d'emplois dans l'industrie de toute la région; propagande par la conférence, par l'affiche, par la presse, en vue du groupement des initiatives et des fonds d'abord, du recrutement des mutilés ensuite, du placement des apprentis enfin; constitution d'associations destinées à l'encouragement de la rééducation d'abord, de l'apprentissage ensuite, et à la protection du mutilé dans sa vie ultérieure, dans ses rapports avec ses employeurs ou avec l'État, son créancier; etc.

On le voit, le champ d'action est vaste. Il est digne de tenter bien des hommes de bonne volonté. Il justifie pleinement une organisation locale et régionale dont le grand mérite sera de n'être pas une administration, et qui rendra d'autant plus de services qu'elle sera plus souple, plus indépendante, plus vivante.

Des cadres locaux et régionaux ne sauraient pourtant suffire à l'organisation générale de la rééducation professionnelle. Une telle œuvre, devant être un service public national, peut et doit garder sa décentralisation et son autonomie relative dans chacune de ses parties; elle n'en a pas moins besoin d'un organe central qui lui imprime sa direction, qui aide et contrôle son action à tous les degrés, qui serve de lien entre tous ses groupes et leur permette de se rendre de mutuels services, « d'échanger leurs vues, de se soutenir, d'orienter ici une marche incertaine par l'exemple discret d'un succès qui s'est affirmé ailleurs, de faciliter la solution de nombreuses difficultés de détail que comportent l'installation, le recrutement, la subsistance, l'enseignement, la recherche et l'acquisition d'appareils et d'outils adaptés à telle mutilation ou à tels travaux, l'écoulement des objets fabriqués, l'assurance contre les accidents, le placement de l'ouvrier ou l'exercice d'une profession, les rapports avec les ministères intéressés, Guerre,

Intérieur, Commerce, Travail, et les mille et mille questions que soulève et soulèvera la mise en pratique, généralisée autant qu'elle doit l'être, de l'œuvre de solidarité qui s'amorce[1] ».

Cet organe central n'existe pas plus à l'heure actuelle que les cadres locaux et régionaux. La Commission interministérielle, bien que son titre indique qu'elle est chargée « de régler l'organisation et le fonctionnement des centres de rééducation professionnelle », a, nous l'avons vu, réduit son rôle à une distribution de subventions et à l'édiction de quelques règles uniquement destinées à conditionner cette distribution. Or ce rôle, j'ai déjà eu l'occasion de le dire, peut convenir à l'administration de l'Assistance publique, il ne saurait être celui d'une administration préoccupée exclusivement de faire rendre à la rééducation professionnelle tout ce que les mutilés d'abord, tout ce que le pays ensuite est en droit d'en attendre[2].

D'autre part, chacun des ministères intéressés se cantonne dans son domaine exclusif. Les ministères de la Guerre et de la Marine ne veulent rien connaître au delà de la rééducation fonctionnelle et de la prothèse et ce n'est que depuis quelques semaines, à peine, que le sous-secrétariat d'État du Service de

1. *Rapport au Ministre du Commerce, du 3 juin 1916*, déjà cité.

2. « Pour mener à bien l'œuvre entreprise, certains pensent que si nous n'avons d'autre direction que celle de l'Assistance publique, quelque évidente que soit l'activité de ses chefs, nous arriverons peut-être à assister — chèrement — quelques centaines de soldats, mais non à reconstituer, comme cela est cependant indispensable, les unités de notre armée du travail. La poursuite d'un tel but si nouveau, si considérable, réclame d'autres moyens d'action. » — *Les Blessés au Travail*, dans la *Revue* du 1er mars 1916.

santé songe à ouvrir pour son compte des écoles de blessés dans certains dépôts de convalescents — ce qui du reste est une grosse erreur psychologique, répétons-le — ; les ministères du Commerce, de l'Agriculture et de l'Instruction publique ont, de par les décisions de la Commission interministérielle, leur rôle strictement limité à la gestion de leurs créations respectives; le ministère du Travail n'entend pas étendre ses attributions plus loin qu'à l'administration de son Office de placement; quant au ministère de l'Intérieur, en dehors des écoles de Saint-Maurice et de Bordeaux et des institutions d'aveugles, il n'a d'autre prétention que celle de subventionner les seules œuvres publiques. Et l'initiative privée est laissée tout à fait indépendante, mais aussi tout à fait isolée, sans aide, mais aussi sans contrôle.

C'est tout cela qui ne doit pas être perpétué, car la persistance en de tels errements aurait vite fait de conduire à la faillite la rééducation professionnelle.

Le remède n'est pas, j'ai eu l'occasion de le dire[1], dans le rattachement pur et simple de l'administration du nouveau service à un département ministériel; il est dans la création, que j'ai été le premier à proposer, d'un Office autonome ayant la personnalité civile, gérant lui-même les intérêts confiés à sa garde sous l'autorité et le contrôle du gouvernement

1. « Donnera-t-on la direction de l'œuvre au ministère de l'Intérieur, comme cela existe déjà en fait, ou à celui de l'Instruction publique comme certains le réclament? Querelles de boutiques, mortelles tant de fois déjà qu'il ne faut même pas s'y arrêter.... » — La *Revue*, 1er mars 1915.

représenté par l'un quelconque des ministres intéressés, mais qui, en bonne logique, devrait être le ministre du Commerce, puisque rééducation fonctionnelle, prothèse, assistance, placement ne sont que les préparations ou les conséquences de la seule rééducation professionnelle, laquelle n'est en somme qu'une application particulière de l'Enseignement technique.

Un tel Office — auquel ne ressemble en rien, est-il besoin de le dire, le bureau de placement du quai d'Orsay — aurait l'avantage de n'être pas à chaque instant gêné par des compétitions de compétences disséminées, d'être apte à recevoir des dons et legs, d'avoir, en vertu même de son autonomie financière, la disposition d'un budget propre, uniquement affecté à l'œuvre dont il aurait la gestion. Il ressemblerait ainsi à des services déjà existants et qui, tous, ont donné les meilleurs résultats. L'Office du Travail, l'Office du Commerce extérieur, l'Office de la Propriété industrielle, pour ne citer que ceux-là, sont, dans des genres différents, avec des modalités diverses, des exemples dont il serait facile et souhaitable de tirer profit pour l'organisation d'un Office national de la rééducation professionnelle des blessés.

L'institution aurait d'autant plus de portée et d'utilité que tous les ministères intéressés, les départements, les municipalités, les établissements publics et l'initiative privée seraient, par des représentants dûment mandatés, étroitement associés à son administration, si étroitement même que l'idéal serait de faire concourir toutes ces forces pécuniaires à son équilibre budgétaire.

De la sorte l'initiative privée pourrait être à la fois aidée et contrôlée, ce qui serait tout profit pour tout le monde, d'abord parce qu'on ne verrait plus certaines écoles privées ne donner d'autre résultat que celui de procurer quelque passagère notoriété à leurs fondateurs intéressés et qu'on n'aurait plus à regretter le gaspillage inutile de sommes folles par des associations qui n'ont réussi qu'à faire des assistés et des parasites; ensuite parce qu'il est indispensable que les œuvres privées soient astreintes à une réglementation permettant non seulement aux inspecteurs du travail d'y surveiller les conditions du labeur, mais encore aux inspecteurs de l'Enseignement technique d'y apprécier et au besoin d'y rectifier les méthodes d'apprentissage et aux inspecteurs de l'Assistance publique de vérifier l'emploi qu'on y fait des fonds provenant de la bienfaisance bénévole [1].

Quant aux représentants des divers ministères, ils auraient dans l'Office leurs attributions respectives bien déterminées : au Service de Santé, la prothèse et la rééducation fonctionnelle; au ministère du Commerce, l'apprentissage ou rééducation professionnelle; au ministère de l'Intérieur, l'assistance; au ministère du Travail, le placement; aux ministères de l'Agriculture et de l'Instruction publique, les ensei-

1. Déjà la loi du 30 mai 1916 sur les œuvres qui font appel à la générosité publique a édicté des dispositions générales qu'on ne saurait trop approuver : obligation de la déclaration pour toutes les œuvres existantes ou à créer; obligation d'employer les fonds recueillis au but poursuivi et déclaré; contrôle par une commission sans l'autorisation de laquelle l'œuvre ne peut fonctionner; contrôle du fonctionnement et de la gestion par les fonctionnaires et inspecteurs qualifiés.

gnements spéciaux ou généraux qui les concernent.

Mais point de commissions qui palabrent, ergotent et, même en pleine guerre, ne disposent que de la seule force d'inertie dont le règne doit finir avec les hostilités : un chef responsable, — grande nouveauté pourtant indispensable si l'on veut faire autre chose que de la paperasse, — dirigeant tous les services et ayant à rendre compte de tout devant un conseil d'administration et devant le gouvernement.

Voilà ce qu'il faut. On y vient. Déjà le ministre du Commerce s'est préoccupé d'étudier un projet tendant à confier à un inspecteur général de l'Enseignement technique la direction pédagogique de la rééducation professionnelle. Déjà l'Office de placement du ministère du Travail régularise son fonctionnement. Déjà, de même, le service de Santé militaire esquisse le désir de prendre une part plus grande à la rééducation professionnelle proprement dite...

De son côté, le Parlement ne reste pas inactif. On ne peut dire, certes, que la Chambre ait résolu le problème en votant le 24 mars dernier la proposition de loi que lui présentait sa commission d'assurance et de prévoyance sociale. Elle a à peine tracé un cadre. Mais cela tient à ce qu'on a trop pressé son vote et qu'on l'a obligée à se prononcer sur un texte qui n'était ni étudié, ni même *relu*[1], et n'avait été que

1. Je n'exagère pas : la proposition de loi, votée, a pour titre : « Proposition de loi tendant à l'*obligation* de la rééducation professionnelle des blessés et mutilés de la guerre appelés à bénéficier de la loi sur les pensions militaires ». Or, non seulement le mot *obligation* ne se retrouve pas une seule fois dans le texte, mais il n'est question d'*obligation* dans aucun des articles, ni explicitement ni implicitement. (Voir aux annexes, IV-VII.)

très péniblement substitué à une première proposition totalement inexistante. Au moins la création d'un Office national est-elle en germe dans ce texte vague et déliquescent qui n'organise rien, en fait, et qui se borne à perpétuer l'inorganisation présente en la couvrant d'une façade et en ajoutant à la commission interministérielle la rallonge de quelques auxiliaires et de quelques dactylographes. Il y a bien autre chose à faire — mais il suffira d'un peu d'attention de la part du Sénat pour que, partant de cette proposition, on aboutisse à quelque chose de sérieux.

Il serait bon que l'on aboutît vite. Faute d'une organisation méthodique, en effet, d'une part, la rééducation subit une crise qui menace de s'aggraver jusqu'à la faillite de l'œuvre, et d'autre part la bonne volonté des pouvoirs publics paraît s'exercer en des sens divers qui ne sont peut-être pas les meilleurs.

On n'a pu encore dresser des statistiques suffisamment exactes de la population des écoles et ateliers de rééducation. On sait cependant que celle-ci n'est ni ce qu'elle pourrait, ni ce qu'elle devrait être : en mettant les choses au mieux il n'y a certainement pas plus de *cinq mille* places dans les écoles ou ateliers ouverts et c'est tout juste si *trois mille* sont occupées. Or il y a environ *quatre-vingt mille* blessés susceptibles de bénéficier de la rééducation. Nous sommes loin, on le voit, d'atteindre le chiffre de 10 p. 100 donné dans les milieux officiels comme celui des mutilés en voie d'apprentissage, moins loin de celui de 2 p. 100 que le Dr Bourrillon croit pouvoir indiquer en le déplorant. Si vraiment tout le beau mouvement de solidarité que nous avons salué ne devait avoir que ce résultat, ce serait à désespérer de l'efficacité de notre action publique et privée et de nos facultés d'organisation. Heureusement, je crois qu'il s'agit plutôt d'une simple crise passagère, d'un arrêt momentané provoqué par la phase difficile, que traverse depuis quelques mois l'évolution de la rééducation, du fait même de l'indécision, des désaccords, des tiraillements qui se manifestent au sujet de l'organisation administrative à mettre sur pied.

On retrouve au surplus cette indécision dans toute l'action des pouvoirs publics. Voici par exemple M. Albert Thomas qui appelle les mutilés dans les usines travaillant pour la défense nationale[1] et M. Métin qui intervient auprès des grands groupements industriels comme le Comité des forges, pour qu'ils emploient des blessés. Or faut-il ainsi jeter à l'atelier, sans préparation professionnelle, des invalides qui resteront des petites mains ou de mauvais manœuvres, et ne serait-il pas préférable de subor-

1. Une circulaire récente du sous-secrétaire d'État demande aux directeurs de ces établissements de s'entendre avec le service de Santé pour le recrutement de ces ouvriers. Afin « de déterminer les travaux auxquels l'intéressé peut être employé sans inconvénients et pour fixer exactement ses droits en cas d'accident du travail », il prescrit de recommander aux médecins chargés de l'examen, d'inscrire sur le registre d'examen médical, la description complète des lésions existantes, de l'état physique général du candidat et de l'état fonctionnel résultant de sa blessure. La rémunération de ces ouvriers, qui doit correspondre à leur capacité et à leur emploi, ne devra pas être inférieure au tarif minimum d'embauchage des manœuvres. On leur confiera, dans la mesure du possible, comme aux autres ouvriers, des travaux aux pièces afin qu'ils puissent, comme leurs camarades, réaliser un gain correspondant à la production effectuée.

donner la recherche hâtive d'un salaire minime à un apprentissage rationnel seul susceptible de leur procurer un véritable métier?

Le placement doit suivre et non précéder la rééducation professionnelle. C'est de celle-ci qu'il faut d'abord se préoccuper, celle-ci qu'il faut développer. Voilà pourquoi son organisation administrative ne peut pas être différée davantage.

Mais cette organisation elle-même ne sera qu'une partie de la solution de la crise. Le mutilé, qui manque encore dans tant d'écoles, n'y viendra que si on l'y amène. Et on ne l'y amènera que par une propagande intense qu'il serait temps de commencer, car elle ne l'est pas encore. M. Painlevé a bien donné des instructions à ses recteurs pour que les instituteurs fassent dans les centres de convalescents des conférences de propagande destinées à montrer le but et les avantages de la rééducation. Certaines écoles ont bien publié des brochures explicatives. Le service de santé a bien répandu des affiches à profusion. Il n'empêche que la vraie propagande, celle de la presse, celle de la conférence, de la causerie, de la projection cinématographique, non pai des littérateurs en quête de situation mais par des médecins ou des spécialistes, cette propagande là est encore à faire, aussi bien auprès des intéressés qu'auprès du public.

Auprès des intéressés elle devra revêtir, autant que possible, une forme persuasive et presque personnelle. C'est ce qu'a compris le nouveau groupement *Les Amis des Mutilés*, qui vient de se former avec l'objet très précis d'envoyer dans les formations sanitaires des dames, dûment mandatées par le service de Santé, pour inculquer aux blessés l'exacte notion de l'intérêt qu'ils ont à entreprendre leur rééducation.

Auprès du public elle sera heureusement complétée par les expositions d'objets fabriqués par les mutilés, du genre de celles qui ont eu lieu de mai à juillet au musée Galliera, et en juillet à l'École franco-belge de Port-Villez. La plupart des écoles françaises étaient représentées au musée Galliera. Toutes y firent bonne figure et l'exposition eut le plus grand succès. « On pourrait croire, écrit M. Thiebault-Sisson, le critique du *Temps*, qu'un ensemble de travaux réalisés par des infirmes ou des mutilés n'a rien d'attrayant : on se tromperait. La variété des objets exposés est si grande, l'ingéniosité de certains exposants si imprévue, tous enfin, même dans les métiers les plus humbles, se sont appliqués avec tant de bonne volonté à produire des pièces irréprochables que le visiteur, bon gré mal gré, s'émerveille et s'attache, avec une curiosité sympathique, à tout voir. »

C'est en multipliant les manifestations de ce genre qu'on intéressera le public à l'œuvre entreprise. C'est par une propagande raisonnée qu'on lui amènera les mutilés. C'est par une organisation solide et souple qu'on lui assurera le développement qu'elle mérite. Mais il est temps de se mettre résolûment à la tâche.

## CHAPITRE XIV

### LES AVEUGLES ET LES SOURDS

Les aveugles et les sourds sont des blessés d'un ordre tout particulier. Leurs infirmités ne se rapprochent en rien de celles des mutilés des bras ou des jambes. Ils possèdent presque tous la totalité de leurs forces physiques; mais la perte d'un sens indispensable leur en rend l'emploi difficile, quelquefois même, pour certains actes, tout à fait impossible. Leur rééducation fonctionnelle, qui ne saurait relever ni de la physiothérapie, ni de la mécanothérapie, se fait selon des procédés très spéciaux. Leur rééducation professionnelle ne peut s'accommoder des seules méthodes que nous avons indiquées jusqu'ici. L'exercice même de leur travail ne veut pas moins des conditions qui ne sont pas celles du travail normal ni même du travail du mutilé ou de l'estropié.

La guerre a fait des aveugles en très grand nombre, surtout cette longue guerre de tranchées qui dure depuis la Marne, et dans laquelle l'homme a tout le jour la tête exposée pour peu qu'il se dresse au-dessus du parapet ou qu'il mette l'œil au créneau. L'exemple des généraux Maunoury et Villaret s'est multiplié de telle sorte que des milliers d'yeux se sont éteints que nulle médecine et nulle chirurgie ne rallumeront plus....

Car à l'encontre des autres blessures, celles de la vue ne sont presque pas susceptibles d'amélioration par l'intervention du praticien. On peut sauver un œil, et alors la perte d'un seul œil n'est qu'à peine une mutilation puisque le borgne, en dehors de l'augmentation des risques qu'il court de devenir aveugle, n'ayant plus qu'un œil à perdre, peut toujours reprendre sa profession d'avant l'accident. Mais on ne peut rien sur la cécité, même lorsqu'elle n'est pas encore complète, rien ou si peu de chose....

Il ne reste alors que la ressource de la résignation, mais de la résignation intelligente, consciente, qui petit à petit se fera consolante à mesure que la vie s'accommodera de l'infirmité, à mesure que les autres sens suppléeront le sens manquant, à mesure que le travail redevenu possible apportera plus d'occupation, plus de distraction, comblera plus le vide et les ténèbres de l'existence.

Pour l'aveugle, à cause de tout ce qu'il doit entrer de volonté, de suggestion, dans l'acceptation de cette résignation, c'est, bien plus que pour aucun autre blessé, à la rééducation morale qu'il importe de consacrer tous ses efforts et tous ses soins. Le grand choc dont il faut atténuer les effets a été causé par la privation de la lumière : c'est un choc moral, et sa réparation demande une infinie délicatesse, un tact de tous les instants, des précautions raisonnées qu'on ne peut attendre de n'importe qui et dont seuls sont capables ceux qui ont toujours fait profession de soigner les aveugles ou qui sont aveugles eux-mêmes.

L'un de ces derniers, M. Pierre Villey, qui est professeur à l'Université de Clermont, a indiqué dans une intéressante étude [1] comment on devait procéder à cette rééducation : éviter de prononcer le mot « aveugle » et aussi de faire appel à leurs autres sens en leur disant par exemple : « touchez » au lieu de « voyez », eux-mêmes gardant dans la cécité les habitudes prises antérieurement ; éviter par contre de leur désigner un objet en leur disant qu'il est « grand comme ça », ce qui ne leur permet pas d'apprécier, mais leur dire avec précision que ledit objet est « haut comme une table », « large comme la main »; les forcer à la promenade, les conduire avec assurance, pour leur donner confiance, les faire marcher d'un bon pas comme dans la vie normale, ne pas les encombrer d'une canne mais d'une simple badine pour leur laisser l'illusion qu'à la rigueur ils pourraient s'en passer; s'efforcer de les laisser se servir eux-mêmes, ne pas agir pour eux mais les *aider à agir*, les habituer très vite à s'habiller seuls, à vaquer seuls aux soins de leur toilette, à remplir seuls les petits offices de la maison, couper le pain, scier le bois, faire les lits, rouler des cigarettes ; ne pas truquer avec eux, ne pas leur mettre les objets sous la main, les laisser les chercher et les prendre eux-mêmes. « Ne lui infligez pas (à l'aveugle) l'humiliation d'être traité en enfant ou en impotent. Au contraire ingéniez-

1. *Revue des Deux Mondes*, 1er octobre 1915.

vous, sans ostentation, à l'occuper, à lui demander des services, pour lui donner le sentiment qu'il est bon encore à quelque chose », dit M. Villey.

Si l'aveugle a l'espoir de retrouver la vue, il ne faut pas le lui enlever, mais il faut moins encore le lui exagérer. Après l'avoir habitué à quelques distractions, audition de lectures attrayantes, de chansons, de musique, il faut lui glisser dans les doigts d'abord le guide-main Wagner par lequel il apprendra vite à faire sa correspondance lui-même, puis un jeu de cartes spécial dont il arrivera non moins vite à jouer, et — enfin! — l'alphabet Braille...

Le « Braille »! C'est presque la certitude pour l'aveugle qu'il n'y verra plus. Aussi faut-il l'amener à l'étude des points magiques avec beaucoup de circonspection, en le persuadant les premiers jours qu'il ne s'agit que d'un passe-temps, puis d'une façon intéressante de prendre contact avec la vie extérieure en attendant que la vue revienne. « L'alphabet imaginé par Louis Braille, écrit M. Ernest Vaughan [1], est un modèle d'ingéniosité et de simplicité. L'enfant aveugle l'apprend plus vite que l'enfant voyant du même âge n'apprend l'alphabet romain. » Le soldat aveugle l'apprendra de même facilement et sa vie s'en trouvera sensiblement plus remplie, parce qu'il pourra lire et écrire.

Lire, écrire, c'est le commencement de la rééducation professionnelle. Quand il saura se servir du Braille, le non-voyant pourra commencer l'appren-

1. Ernest Vaughan, *La Rééducation professionnelle des soldats aveugles*, 1915.

tissage d'un métier. Quel métier? Le nombre en est limité. M. Villey nous dit judicieusement que ce n'est plus à trente ans qu'un aveugle apprendra la musique et même l'accordage des pianos. Il lui restera les métiers classiques, ceux qui ne demandent qu'un court apprentissage, la brosserie, le rempaillage et le cannage des chaises, la fabrication des balais de sorgho ou des tapis-brosses. C'est peu de chose : les salaires sont infimes. Aussi a-t-on songé à d'autres professions plus lucratives, à la vannerie, au tricotage, à la matelasserie, à la cordonnerie, ces deux dernières enseignées normalement déjà en Angleterre et en Danemark.

M. Vaughan indique, comme susceptibles d'être apprises facilement par les blessés des yeux et de leur rapporter un honnête salaire, l'industrie des cycles et en particulier le montage des roues de bicyclettes qui se compose d'actions toutes mécaniques faciles à retenir; le travail des manufactures d'allumettes et de tabac qui ne demande en plusieurs de ses spécialités qu'une certaine délicatesse de toucher, qualité générale chez les aveugles; la fabrication des lacets de cuir.

« Les mieux doués, constate de son côté M. Villey dans l'étude que nous avons déjà citée, auront chance de trouver une activité plus rémunératrice dans le commerce, dans le massage, ou dans la sténo-dactylographie.... Pour le massage, dont M. le Dr Fabre a prouvé par son exemple et par celui de ses élèves tout ce que les aveugles peuvent en attendre en France, bon nombre de nos militaires frappés de cécité présenteront assurément les qualités, d'ailleurs peu communément réunies, qui sont nécessaires à son exercice : culture suffisante, toucher délicat, santé robuste, manières affinées, physique point défiguré, conversation agréable.... Quant à la profession de dactylo-sténographe — déjà exercée par un aveugle — elle offre cet intérêt de pouvoir tenter particulièrement nos officiers. Les résultats espérés de ce côté dépendent de la réalisation d'une machine adaptée aux conditions du travail des aveugles, machine dont malheureusement la guerre avait interrompu la construction au moment même où elle en faisait le plus vivement sentir le besoin. » Enfin un autre aveugle, M. Leger, a préconisé l'emploi des non-voyants comme téléphonistes par l'usage d'un « standard » en relief.

L'agriculture elle-même, contrairement à l'opinion courante jusqu'alors, ne paraît pas fermée aux « yeux clos ». Tous les cultivateurs frappés de cécité pourront, après une assez courte rééducation, se rendre à nouveau utiles aux champs et notamment dans le jardinage, l'élevage des volailles ou l'apiculture. Les essais faits à ce sujet dans les instituts ophtalmologiques d'Amérique ont tous donné d'heureux résultats.

De quelque nature qu'elle soit, la rééducation professionnelle des aveugles ne pourra se faire que dans des établissements spéciaux qui lui seront exclusivement réservés[1]. Les premiers indiqués sont tout natu-

1. Le sous-secrétaire d'État du service de Santé a prescrit d'évacuer les blessés des yeux sur le centre ophtalmologique, d'abord, sur l'école de rééducation ensuite, les plus voisins de sa résidence.

rellement les Instituts de jeunes aveugles existants dont la plupart dépendent, de la même façon que les Quinze-Vingts, de l'administration de l'Assistance publique. Déjà l'Institution nationale des jeunes aveugles de Paris et l'école Braille de Saint-Mandé, les plus belles de nos écoles professionnelles d'aveugles, peuvent fournir des instructeurs expérimentés à tous les centres qui en manqueront, tout en faisant elles-mêmes de la rééducation. Déjà les institutions d'Amiens, Bayonne, Bordeaux, Caen, Chartres, Clermont, Lyon, Marseille, Montpellier, Nantes, Saint-Brieuc, Saint-Étienne, Toulouse, Tours se sont constituées en « filiales » de l'école de Reuilly, dont nous allons parler. Celles d'Angers, Dijon, Limoges, Montpellier, Moulins, Nancy, Saint-Just-en-Chaussée, la patrie des frères Haüy, vont se mettre à la même tâche.

L'école de la rue de Reuilly, annexe des Quinze-Vingts, a été fondée par le ministère de l'Intérieur au commencement de 1915. Elle peut admettre de 200 à 300 aveugles qui y reçoivent les leçons de maîtres aveugles pour la plupart. On y enseigne la lecture, l'écriture et le massage pour lequel une section spéciale a été ouverte en vue de poursuivre la tentative commencée à Arcachon, en novembre 1914, par Mme Léopold Kahn. D'autres métiers y sont appris de façon élémentaire, le perfectionnement de leur apprentissage devant se faire dans les centres de province, celui de la brosserie à Lyon, Marseille, Bordeaux, celui du cannage à Lyon, celui de la vannerie à Lyon, Toulouse, Fayl-Billot où les ministères du Commerce et de l'Agriculture vont ouvrir une nouvelle section à la demande de M. Brieux, celui de la cordonnerie à Dijon et Angers, etc....

L'école de Lyon-Villeurbanne est double : elle a pour objet la rééducation des aveugles et celle des sourds-muets. C'est un établissement modèle fondé peu avant la guerre par la municipalité et l'État et qui, donnant des résultats très satisfaisants, seconde puissamment l'action de l'annexe de Reuilly.

Mais la tâche est lourde et, quelle que soit la collaboration des instituts départementaux et municipaux, il ne sera pas de trop de tout le concours des œuvres privées pour l'accomplir. Ces œuvres, il est vrai, sont nombreuses et ont déjà rendu de signalés services dans tous les domaines, assistance, apprentissage, placement.

En tout premier lieu il faut citer l'*Association Valentin Haüy*, fondée en 1889, dont le but est d'étudier, d'appliquer et de propager tout ce qui peut concourir au bien-être moral et matériel des non-voyants. Ce groupement, dont le secrétaire général est un aveugle, M. Maurice de la Sizeranne, accepte de se charger de tous les soldats frappés de cécité et met à leur disposition un admirable personnel, aveugle pour la plus grande partie, une expérience incomparable dans l'enseignement et l'apprentissage, une bibliothèque de plus de 40 000 volumes en caractères Braille, et qui plus est, l'écoulement par ses propres magasins d'une quantité considérable d'objets frabriqués.

A côté de leur aînée, la *Société des Ateliers d'aveugles*, fondée en 1881, par M. Lavanchy-Clark qui la dota généreusement, l'*Association d'Assistance aux aveugles*, fondée en 1883, par M. Bephan, alors directeur des Quinze-Vingts, et l'*Association des travailleurs aveugles*, qui date de 1905 et dont M. Ernest Vaughan fut l'un des fondateurs, ont fait, elles aussi, tout ce qu'elles pouvaient pour aider à la rééducation.

La guerre a fait naître d'autres initiatives : M. Vallery-Radot, le gendre de Pasteur, a créé la *Société des amis des soldats aveugles*, qui se définit elle-même « une grande œuvre adjuvante » dont le but est de « faciliter à ses protégés l'apprentissage ainsi que l'exercice d'un métier et même la fondation d'un foyer ». Mme la comtesse Greffulhes a fondé une association identique spécialement destinée à secourir et aider les soldats atteints de cécité. Un certain nombre de notabilités ont groupé autour du *Foyer du soldat aveugle* suffisamment de bonnes volontés pour pouvoir offrir des allocations annuelles renouvelables aux militaires frappés de cécité et incapables de travailler. Les Américains amis de la France ont enfin organisé, sur l'initiative de miss Winifred Holt, un Comité franco-américain pour les aveugles de guerre qui, sous le beau titre *le Phare de France*, se propose d'être le bienveillant appui d'une catégorie particulière d'aveugles, ceux qui, en raison de leur culture, doivent chercher une autre occupation qu'un métier manuel.

Toutes les œuvres dont il vient d'être question [1]

1. Les représentants des diverses associations se sont réunis récemment sous la présidence du ministre du Travail et ont décidé de constituer, dans l'intérêt des victimes de la guerre et pour l'utilisation la meilleure des dons apportés par la générosité publique, une chambre de compensation destinée à tenir un

étendent leur action au delà de l'assistance et de la rééducation et placent autant que possible leurs protégés. Le placement des aveugles est difficile dans l'industrie : un préjugé les fait éloigner des usines ou ateliers, bien à tort d'ailleurs. Quant à ceux qui travaillent chez eux, ils ne trouvent pas toujours l'écoulement des produits de leur labeur ou ne le trouvent qu'à des prix de famine, honteusement exploités qu'ils sont par des intermédiaires avides de gain et sans scrupule. Si bien qu'il arrive souvent à beaucoup de ces malheureux de souffrir amèrement de la déception que leur réserve une profession sur laquelle ils ont fondé tous leurs espoirs et qui arrive tout juste à leur donner 1 fr. 50 ou 2 francs par jour.

Pour remédier à cela, la société l'*Aide aux aveugles de guerre*, dont le président est M. le comte de Grammont et le secrétaire M. Guédy, s'est formée dans le dessein d'acheter directement les objets manufacturés par les aveugles et de les revendre elle-même à des prix satisfaisants[1]. L'idée est des plus louables. C'est encore M. Vaughan qui nous propose les moyens de la réaliser sur une grande échelle, par le seul moyen de sociétés anonymes de production, formées des fabricants eux-mêmes, qui

compte de ce que reçoit chaque aveugle et à en instruire, avec toute la discrétion possible, les sociétés. Ainsi les contributions seront équitablement réparties entre tous les aveugles victimes de la guerre.

1. L'Aide aux aveugles de guerre organise un grand concours ayant pour objet l'invention ou la transformation des objets nécessaires à la vie de ses intéressants protégés. On connaît déjà, dans cet ordre d'idées, la montre Braille, les jeux de dames en relief, les cartes à jouer pour aveugles, etc. D'autres inventions du même genre peuvent surgir.

exploiteraient méthodiquement et au seul profit de leurs membres les travaux de ceux-ci. Ces coopératives régionales seraient assurées de la clientèle des administrations publiques et gagneraient sans peine, par leur nature même, la faveur du grand public, comme d'ailleurs les coopératives analogues que nous avons déjà préconisées pour les autres mutilés et estropiés.

Par là, la question de la meilleure utilisation des aveugles se rattache à celle, plus générale, du placement de tous les blessés rééduqués.

Il n'y a pas de comparaison à établir entre le malheur immense des aveugles et le malheur moindre des sourds, même des sourds-muets. En dehors des plaisirs de la conversation ou de la musique, la surdité ne prive l'homme d'aucune fonction même secondaire. Et la mutité, plus grave dans ses conséquences, ne suffit pas non plus à empêcher un ouvrier de travailler. Pour ces blessés, il n'y a pas à proprement parler de rééducation professionnelle à entreprendre, mais seulement une judicieuse rééducation fonctionnelle.

Ce qu'il faut rendre au sourd ou au sourd-muet, ce ne peut être une capacité de travail qui n'est en rien diminuée par l'infirmité, c'est, au moins partiellement, la possibilité d'entendre, la possibilité de parler et, s'il est tout à fait impossible d'obtenir ce résultat, la possibilité de se faire comprendre d'une façon ou d'une autre. L'éducation des sourds-muets, depuis l'abbé de l'Épée, a atteint un degré de développement très grand, grâce aux progrès de la science moderne. Elle dispose de plusieurs méthodes auxquelles, lorsque le praticien s'est déclaré impuissant, on peut recourir avec succès. Ce sont : la *rééducation auditive*, la *lecture sur les lèvres*, et l'*orthophonie*.

Par *rééducation auditive*, on entend un ensemble d'exercices vocaux spéciaux et gradués qui ont pour but et pour effet de développer les restes d'ouïe qui subsistent, les cas de surdité totale étant très rares. La *lecture sur les lèvres*, c'est la faculté précieuse dont on arrive assez vite à doter les sourds, de pouvoir saisir le sens des paroles rien qu'en observant les mouvements de la bouche de l'interlocuteur. Cette méthode est couramment employée dans les écoles de sourds-muets, et tous les élèves, même les plus médiocres, pourvu qu'ils aient une vue passable, arrivent à entendre en regardant. Quant à l'*orthophonie*, c'est le redressement des troubles qui se produisent dans la parole quand celle-ci ne peut plus être contrôlée par l'oreille vide et qu'elle devient par exemple d'un débit trop rapide ou trop monotone. On peut employer ce traitement toutes fois que l'organe phonateur est vicié, soit par une blessure, soit par des troubles nerveux, et en cas d'aphonie comme en cas d'amnésie[1].

C'est la *lecture sur les lèvres* qui, de l'avis de tous les spécialistes, est la meilleure méthode de réé-

1. Le gouvernement militaire de Paris a créé le 9 mars 1916 un centre de rééducation de l'ouïe à l'Institut national des sourds-muets de Paris où une quarantaine de soldats sont en traitement. De plus il a autorisé l'ouverture d'un cours d'orthophonie au Cercle militaire du 7e arrondissement, 14, boulevard Raspail.

ducation fonctionnelle. C'est à elle qu'il faut recourir en particulier pour les soldats frappés de surdité qui ne sont pas encore et qui peuvent ne pas devenir des sourds-muets. C'est elle qu'il faut faire enseigner, sans tarder, par un certain nombre d'écoles spéciales; car le nombre des militaires atteints de troubles auditifs augmente à mesure que croît l'usage des canons lourds, des liquides enflammés et des gaz asphyxiants. Tous, sans doute, ne sont pas incurables. Il en est beaucoup qui, au bout de quelques mois, rompront le silence imposé. Mais les traitements médicaux ne peuvent rien sur beaucoup et ils restent encore trop à avoir besoin de suppléer à la parole éteinte par la parole vue.

## CHAPITRE XV

### LE RETOUR A LA VIE

On chante.... Dans la vaste salle que la lumière inonde, le bruit des marteaux se cadence au rythme du refrain que l'un sifflotte, que chantonne l'autre. Tandis qu'un alpin s'escrime de sa main gauche à fixer, d'une « semence » dorée sur une semelle fauve, l'ombre des marronniers de la cour, que le ligneul crisse aux doigts inexpérimentés d'un petit soldat doté d'un pilon neuf, le soleil se joue parmi les béquilles et les cannes posées le long des murs. De l'autre côté du couloir, par la porte ouverte, on aperçoit des pantalons rouges croisés sur l'établi, des coudes posés sur des fers à repasser, la légère vapeur qui monte de la « patte-mouille » sous laquelle un artilleur encore mal assuré sur sa jambe de bois tend péniblement, mais joyeusement, une toile de col, cependant que la machine pique le ronronnement des conversations et des bruits de ses tac-tac métalliques et pressés. Un peu plus loin ce sont les allées et venues des varlopes parmi les copeaux, le ronflement des tours et des scies à ruban devant lesquels sont plantés des manchots, les légères tiges de l'osier battant l'air au-dessus des têtes penchées sur le panier naissant....

L'atmosphère est gaie de ces ateliers propres et nets, pleins de jeunes hommes dont pas un n'est tout à fait entier, de cette « cour des miracles » de rêve, débordante de vie et de bonne humeur. Partout règne la même activité, le même entrain. Le mélange des vêtements civils, des pantalons rouges et des vareuses bleues qu'on ne retrouve presque plus qu'ici, rappelle que ce sont là des soldats — et quelques croix de guerre ou médailles militaires, qu'ils furent des braves. Mais les infirmités et les difformités disparaissent si bien dans le travail allègrement mené qu'on oublierait presque qu'on est à l'école des mutilés.

Elle est curieuse la transformation que l'école et l'atelier provoquent chez le blessé. Il y est à peine que, déjà, il se sent un autre homme. Il y a l'ambiance, le contact avec tant d'autres semblables à lui, parmi lesquels il ne lui est plus permis de se croire une malheureuse exception. Il y a le sentiment de l'invalidité qui paraît plus légère de s'appliquer en commun à devenir presque de la validité, en tout cas de l'aptitude à un certain travail utile. Il y a aussi la philosophie consolante que l'atelier, à défaut du professeur, enseigne au mutilé et qui lui dit comme M. Brieux à ses aveugles : « Oui, un malheur vous est arrivé, mais ce n'est pas en pleurant dessus que vous le ferez disparaître. Il est. Vous êtes un autre homme que celui que vous étiez avant la blessure. Toute la question est de savoir si vous pouvez, malgré ce malheur, être un homme heureux, si vous pouvez gagner votre vie, si vous pouvez avoir une existence digne, calme et méritant d'être supportée ».

Ainsi posée, la question est vite résolue. Il ne lui est pas besoin d'un long séjour à l'école de rééducation pour que le soldat se rende compte que sa vie est tout au plus changée. Croyons-en tous ceux qui ont eu le grand honneur de s'attacher à la pratique de la rééducation professionnelle.

Croyons-en le Dr Carle qui dirige les écoles de Lyon : « Voilà des hommes qui se sont dit pendant des semaines que c'était fini; avec l'impossibilité de reprendre leurs anciennes occupations, la vie paraissait terminée, car jamais, avant l'ordre de mobilisation, ils n'avaient songé qu'ils puissent faire autre chose que cultiver ou maçonner. Et voilà qu'en quelques jours un brave homme leur révèle qu'ils pourront, comme le cordonnier ou le tailleur de chez eux, faire des souliers ou confectionner des vestons. Mieux encore, voilà un ex-ouvrier qui, penché sur de grands cahiers, se découvre capable, tout comme le caissier de son usine, d'aligner des chiffres sur des feuilles de comptabilité. Et son professeur lui laisse entrevoir, dans cinq ou six mois, la possibilité d'une place tranquille, avec des appointements que son métier manuel ne lui aurait jamais permis d'espérer! J'ai assisté là à de vraies résurrections, à des transformations qui permettent de laisser deviner des avenirs brillants et inespérés[1]... ».

Croyons-en M. Bouglé qui a vivifié de son esprit et

1. Dr Carle, *Les Écoles professionnelles de blessés de la ville de Lyon*, déjà cité.

de son dévouement l'école de Clermont : « Avec le nombre et le travail, la bonne humeur s'installe définitivement dans la maison. « Ce doit être bien triste « votre école », nous dit-on souvent. Mais pas du tout. Dehors, oui, l'amputé est gêné. Le murmure de commisération qui s'élève devant ses pas boiteux le fait rougir. Les femmes ne peuvent retenir un « Ah ! le « pauvre ! » qui énerve l'homme...

« Mais ici, chez eux, entre eux, ils se sentent vite à l'aise. L'admirable ardeur de la jeunesse est dans leurs veines, qui oublie, qui nie les traces de la blessure. Et ils trouvent le moyen de s'amuser comme des potaches. Les manchots commencent des matchs au jeu de boules. Un soir, j'entends au dortoir un grand fracas. Je crois à quelque accident. Une demi-douzaine d'unijambistes, sous la conduite du petit mineur, ont organisé une course à cloche-pied. Par-dessus tout, le travail retrouvé leur rend l'allégresse. Il y a si longtemps qu'ils sont condamnés au repos forcé ! Quelques-uns sont des blessés de plus d'un an. Qu'elles furent longues et tristes à la fin, ces journées d'hôpital ! On froisse le journal lu et relu. On fait une partie de dames avec le voisin s'il peut se retourner sur son lit. On échange des prévisions, on fait des paris sur le fricot, attendu avec impatience, remâché sans goût. Et le lendemain ressemble déplorablement à la veille.

. . . . . . . . . . . . . . . . . . . . .

« Une oisiveté ainsi prolongée, n'est-ce pas aussi l'un des supplices raffinés que l'on doit à la guerre ?

« Voyez-vous, — me dit, l'œil comme ébloui l'un

des nouveaux ajusteurs, que je voyais pâlir sur l'étau, — j'avais *faim de travailler.* »

« Et beaucoup travaillent, en effet, avec une sorte de gloutonnerie. Force est de leur imposer les pauses prévues. Quelle application intense, presque farouche, ils apportent à leur passage en « première », tendant les bras en croix pour étirer les fils poissés, ces laboureurs qui veulent s'établir cordonniers au village! Leur zèle ne tient point seulement, sans doute au gain escompté, aux écus qui brillent dans l'avenir, ils sont pris, eux aussi, par le désir de bien œuvrer, d'imposer à la matière la forme qui marque la volonté méthodique de l'homme.

« Quand je fais le tour de nos ruches, les hymnes de Proudhon me reviennent en mémoire, qui sut si bien chanter la gloire du travail, créateur et libérateur[1]. »

Devant l'établi, devant la machine, c'est de cette libération que le soldat blessé prend conscience : son existence ne lui apparaît plus bornée aux limites de la petite pension. Il sait qu'il peut l'élargir de toute l'étendue de sa capacité de travail et que celle-ci s'accroît presque à chaque heure du réapprentissage. La jambe ne repoussera pas, certes — ni le bras, mais cela a beaucoup moins d'importance, du moment que ni le bras ni la jambe ne sont indispensables à la vie nouvelle plus qu'entrevue, déjà certaine. Les yeux eux-mêmes, ces merveilleux organes dont le voyant ne croit pas pouvoir se passer, l'aveugle n'ignore pas qu'ils sont merveilleux, mais il a appris qu'il n'en a

1. Jean Breton (M. Bouglé). *A l'Arrière*, 1916. Delagrave.

pas *absolument* besoin et que, sans eux, la vie sera supportable, et, qui sait! peut-être douce encore....

Ce sentiment très net de la libération par le travail se précise encore chez le mutilé, se concrétise, pourrait-on dire, sous la forme du projet qu'il fait déjà à l'école de rééducation. Quelle joie pour celui-ci qui craignait ne pouvoir plus que traîner son pilon en des besognes insignifiantes, de penser au petit atelier qu'il ouvrira dans une pièce de la bicoque familiale, où il aura une machine à coudre, un établi, un fer, des ciseaux et où il pourra vêtir ses voisins; ou une petite table, des formes, des tranchets, et où il pourra les chausser; ou encore, nouveauté qu'il ajoutera à sa joie, l'orgueil de faire connaître à ses « pays » ébahis, des meules, des poinçons, dont il fera de jolies améthystes; des scies, des pinceaux, dont il dressera devant les yeux de ses gosses — car s'il n'en a pas, il en pourra avoir — des jouets drôles, amusants, spirituels, français... Pareille sera la joie de celui qui reverra la terre profiter de son travail retrouvé, de celui qui reprendra dans son usine une place à laquelle il ne restera pas longtemps; car, ayant fait à l'école un apprentissage raisonné, il sera vite en mesure d'affirmer sa supériorité technique et de passer, peut-être, avant bien des valides.

La supériorité du mutilé rééduqué, nous avons la ferme conviction qu'elle ne sera pas qu'un mot. Pour eux, dans le feu de l'improvisation, l'apprentissage s'est organisé, est devenu vraiment un enseignement professionnel. Obligé de leur inculquer dans un temps très restreint les connaissances que le valide mettait des années à acquérir, le praticien les a initiés aux techniques les plus perfectionnées, en a souvent com biné de nouvelles et, presque à cause d'eux, en tout cas *avec* eux, a lui-même travaillé au progrès de son enseignement.

L'activité que la guerre a donnée aux échanges d'idées, aux contacts, entre hommes différents, de classes sociales différentes, de régions différentes, n'a pas peu contribué, de son côté, au progrès des techniques professionnelles. Les jeunes conscrits disséminés un peu dans tous les coins de la France, jusque dans les plus petites villes, les auxiliaires et les R. A. T. semés, pour ainsi dire, dans les dépôts les plus éloignés de leur résidence, les blessés placés dans les régions les plus différentes se sont trouvés en présence de procédés de fabrication, de manières de travailler, de machines, d'instruments, pour tous les métiers manuels depuis ceux de l'art jusqu'à ceux de la terre, qui leur étaient inconnus et dont ils ont pu repaître leur curiosité. Celle-ci éveillée, ils s'y sont intéressés, les ont comparés, étudiés, et demain, quand ils reviendront aux travaux de la paix, ils adopteront ceux qu'ils auront trouvé les meilleurs.

Et puis, nos méthodes de travail et de production, depuis la guerre, ont singulièrement changé. C'est tout l'admirable discours de M. Albert Thomas aux ouvriers du Creusot, en avril dernier, que je devrais mettre ici pour développer ma pensée : « Ouvriers spécialistes, vous avez aidé le manœuvre à s'élever jusqu'à votre capacité professionnelle.... Et vous, industriels, ingénieurs, capitaines d'industrie, à qui on reprochait trop de timidité, d'imprévoyance, peut-être d'indolence, vous avez pendant le temps de guerre donné l'exemple de l'initiative, de la volonté.... Au temps de la grande Révolution, lorsqu'aux heures tragiques de 1793 et de 1794 la Convention multipliait, pour mieux défendre le sol sacré de la Patrie, les institutions nouvelles, c'était toute une France nouvelle, notre France politique et administrative d'aujourd'hui, qu'elle créait de toutes pièces dans le danger. Aujourd'hui, c'est par un effort identique, c'est par l'union de tous, par toutes les mesures d'organisation et d'union que la nécessité nous inspire, que du sein même de cette guerre effroyable, la France économique surgira... ».

De cette transformation, nos mutilés seront les bénéficiaires d'abord, et les artisans ensuite. L'effort de progrès qu'aura provoqué et réalisé leur rééducation servira lui-même à la stabilisation et au développement de l'état nouveau.

Toutes ces écoles, tous ces ateliers, dont on est en train de parsemer la France pour le réapprentissage des invalides, ces machines, ces outillages, ces professeurs ne cesseront pas de remplir leur rôle lorsque les derniers blessés les auront quittés pour reprendre leur place dans la vie du travail. Ce seront les éléments tout préparés, excellemment préparés, de la renaissance indispensable de notre apprentissage, de la réorganisation non moins indispensable de notre éducation professionnelle, du « retour à la vie » non plus seulement des mutilés mais de la grande mutilée, qu'a été jusqu'à ce jour notre production nationale.

« Les événements qui se déroulent depuis plus de dix-huit mois, lit-on dans le rapport de M. Astier sur l'Enseignement technique [1], seront chargés de démontrer la supériorité que possèdent en matière industrielle et militaire, les sociétés modernes abondamment pourvues d'ingénieurs et d'ouvriers qualifiés en mécanique, en chimie, en électricité, en physique, en construction, etc. » et : « La puissante organisation industrielle de l'Allemagne a été le résultat d'une instruction systématiquement orientée vers l'utilisation pratique des découvertes scientifiques... Toutes ses innombrables ressources, l'Allemagne les a mises en œuvre grâce à un personnel admirablement préparé... ».

Nous n'avons pas à copier servilement les méthodes de nos ennemis. Nous les valons à tous les points de vue, et cette guerre a prouvé quels prodiges notre faculté d'improvisation peut faire et comment elle nous permet de suppléer à des lacunes même très importantes. Tout ce qui précède confirme avec éclat la vérité de cette constatation, mais montre aussi qu'en matière d'enseignement professionnel, il ne saurait suffire d'improviser. Aussi bien n'en sommes-nous pas réduits à cela. Nous possédons déjà des institutions d'éducation technique de tout premier ordre. Il suffit de leur donner une vie nouvelle, de leur adjoindre tout un ensemble d'œuvres neuves et pratiques pour mettre tout notre système d'apprentissage à la hauteur de la mission que nous voulons lui faire remplir.

Déjà, en pleine guerre, et en dehors de la rééducation professionnelle, un grand nombre de tentatives

1. *Rapport supplémentaire sur l'Organisation de l'Enseignement technique, industriel et commercial*, Sénat, 1916, n° 277.

ont été faites avec succès d'un aménagement nouveau, d'une orientation nouvelle des œuvres d'apprentissage. Le ministère du Commerce a mis à l'étude la question de l'enseignement hôtelier si nécessaire à notre prospérité touristique, puis a ouvert des écoles d'industrie hôtelière, à Nice notamment; il poursuit en ce moment l'organisation d'écoles spécialisées de céramique, de taille de pierres fines, de meubles, etc. Les municipalités des XIII^e et XX^e arrondissements ont créé tout un ensemble de cours professionnels qui ont obtenu en peu de temps un succès véritable auprès de la jeunesse ouvrière et produit très rapidement des fruits qu'on n'osait pas espérer. Le courant est établi. Il n'y a qu'à le suivre.

Justement le Sénat vient de voter le projet Astier, dont on a trop parlé, qu'on a laissé trop longtemps traîner, que le ressassement général a un peu discrédité, mais qui vaut mieux que des discussions de commissions ou des articles de journaux, qui mérite d'être — enfin — réalisé, non pour ce qu'il réorganise, mais bien pour ce qu'il crée, c'est-à-dire les cours professionnels, les écoles de métiers, la reconnaissance et l'aide par l'État, des écoles privées d'apprentissage et surtout pour les cadres qu'il ouvre, dans lesquels l'expérience permettra de mettre des institutions réalisables par simples décrets.

Que ce projet soit voté demain par la Chambre, et déjà, l'amorce de son application se trouvera dans les œuvres de réapprentissage des blessés qui, pour la plupart, sont dès maintenant d'excellentes écoles de métiers ou de véritables cours professionnels perfectionnés. Pour peu qu'on sache, la réadaptation des invalides au travail terminée, en modifier l'appropriation, les utiliser au mieux des intérêts industriels régionaux, et associer à leur nouvel objet les groupements privés et les établissements publics qui ont contribué à leur fondation, on mettra *ipso facto* à la disposition de la production et de l'enseignement technique un outillage très préparé, très souple, très vivant, dont on obtiendra tout ce que l'on voudra.

Ces écoles, si dans la rééducation même nous les avons adonnées à l'apprentissage des professions du foyer, des métiers d'art, des productions de luxe, nous les trouverons alors toutes prêtes à provoquer cette renaissance générale de notre activité économique régionale qui s'affirmera par le développement, ici de l'industrie du meuble, là de la céramique, à côté de la taillerie de pierres fines, plus loin de la dentelle, ailleurs de la tapisserie ou de la tabletterie, un peu partout de la fabrication des jouets, des articles de Paris, de l'horlogerie, de la petite mécanique, et de cent autres formes de la production française, fine, soignée, élégante, toutes empreintes de l'esprit et du goût de la race.

Qu'il puisse y avoir tant d'espoirs dans cette œuvre de la rééducation professionnelle des blessés de la guerre, d'abord considérée par certains comme une simple affaire d'assistance, voilà qui démontre surabondamment tout ce dont l'âme française est capable d'ingéniosité dans la solidarité et de ressources pratiques dans la bonté ; qui apporte quelque baume aux affreuses blessures de la guerre; qui permet de travailler avec plus d'allégresse à la préparation du futur.

L'après-guerre sera moins triste si, dans la vaste ruche du travail français, il n'y a pas un seul blessé d'inoccupé; si, par la volonté d'une administration sage et résolue, le plus possible des places laissées vides par « ceux, qui, pieusement, sont morts pour la patrie » — elles ne pourront l'être toutes, hélas! — sont prises par les glorieux frères d'armes dont le sacrifice ne fut pas consommé; si, avec ses phalanges de labeur ainsi héroïquement renforcées, notre France tente d'un sublime effort, cette autre conquête par quoi la paix se trouverait consolidée, la conquête de la prospérité économique au prix d'un travail discipliné et fécond.

L'après-guerre sera moins triste, parce que dans le travail le cauchemar s'estompe, parce que dans le travail — qui ennoblit et qui console — revient le goût de la vie et, avec le goût de la vie, la vitalité; parce que dans la vitalité toujours plus grande de la France nous verrons renaître nos industries locales, nos industries de luxe, ce qui fit jadis la richesse de nos artisans et de nos marchands, ce qui ferait demain notre définitive victoire sur les Germains....

# ANNEXE I

## Liste des Services publics et des principales Œuvres et Écoles s'occupant de la rééducation professionnelle et du placement des blessés.

---

### 1° — SERVICES PUBLICS

*Ministère de la Guerre* (service de placements des mutilés et réformés de la guerre), Caserne de Panthémont, 37, rue de Bellechasse.

*Ministère de l'Intérieur* (Direction de l'Assistance et de l'hygiène publiques), 7, rue Cambacérès.

*Ministère du Commerce* (Direction de l'Enseignement technique), 101, rue de Grenelle.

*Ministère de l'Agriculture* (Direction de l'Enseignement et des Services agricoles), 78, rue de Varenne.

*Office National des mutilés et réformés de la guerre*, 95 et 97, quai d'Orsay, et 2, avenue Rapp.

*Office départemental de la Seine*, à l'Hôtel de Ville.

*Office départemental de placement*, 50, rue de Rivoli.

### 2° — ŒUVRES GÉNÉRALES

*Aide immédiate aux mutilés et réformés de la guerre*, 325, rue Saint-Martin.

*Association pour l'assistance aux mutilés pauvres*, rue François-Ier.

*Assistance aux convalescents militaires*, 30, rue Louis-le-Grand.

*Fédération nationale d'assistance aux mutilés des armées de terre et de mer*, 63, avenue des Champs-Élysées.

*Association nationale des mutilés de la guerre*, Hôtel des Invalides, 6, boulevard des Invalides.

*Société nationale de secours mutuels des mutilés et blessés de guerre*, « *Aide et Protection* », 25, rue Chapon.

*Les blessés au travail*, 154, avenue des Champs-Élysées.

*Société d'Assistance aux victimes de la guerre*, 98, rue Richelieu.

*Œuvre fraternelle des mutilés de la guerre et des militaires convalescents*, 25, rue Blanche.

*Les Amis des mutilés*, 51, avenue des Champs-Élysées.

*Le « Journal des Mutilés »*, 18, rue Feydeau.

*Le Foyer national des mutilés de la guerre*, œuvre des grands mutilés,

*Le Foyer familial et du travail à domicile des mutilés et blessés de la guerre*, 14 *bis*, rue Saint-Georges.

*Les mutilés associés*, 69, rue de Maubeuge.

*L'Œuvre des amputés de la guerre*, 67 *bis*, rue Duplessis, à VERSAILLES.

*L'Union des colonies étrangères en France en faveur des victimes de la guerre*, 11 *bis*, rue Scribe.

*Le Gagne-pain des mutilés*, section spéciale de la *Croix verte*.

*La Protection du réformé n° 2*, 35, rue Boissy-d'Anglas.

AVEUGLES :

*Association Valentin Haüy*, 9, rue Durand.

*Association d'assistance aux aveugles*, 26, rue de Charenton.

*Société des ateliers d'aveugles*, 26, boulevard Raspail.

*Société des amis des soldats aveugles*, 78, rue de Reuilly.

*Foyer du soldat aveugle*, 64, rue du Rocher.

*Abri du soldat aveugle*, 8, rue du Commandant-Marchand.

*Aide aux aveugles de guerre*, 2, rue Balzac.

*Union des comités alliés pour l'assistance aux aveugles de la guerre*, 96, avenue des Champs-Élysées.

*Le Phare de France*, 16, rue Daru.

## 3° — ÉCOLES ET CENTRES DE RÉÉDUCATION

### PARIS

*Saint-Maurice* (Bois de Vincennes), Institut national professionnel des mutilés de la guerre.

*Rue Rondelet*, 2. Annexe du précédent.

*Rue Jenner, 47*. Maison du Soldat du XIII^e arrondissement (annexe du précédent).

*Rue et place du Puits de l'Ermite*. École de l'Office départemental.

*Quai de la Râpée*, 28. École de la Fédération Nationale.

*Rue des Épinelles, 51 bis*. Ateliers des Chambres syndicales.

*Rue de Bagneux, 140*. École Rachel.

*Rue de la Durance*, 5. École de la Société d'assistance par le travail : « l'Atelier ».

*Rue Chapon*, 25. École de la Chambre syndicale de la bijouterie fantaisie.

*Rue Gît-le-Cœur, 4*. Atelier de soufflage du verre.

*Avenue Montespan*, 2. Atelier de jouets d'art.

*Rue de la Jussienne*, 2. École d'orfèvrerie.

*Boulevard Malesherbes, 145* (Lycée Carnot). Atelier de tapis.

*Rue Orfila, 17*. Atelier de jouets en bois.

*Rue Boileau, 91*. Atelier des Mutilés de l'armée.

*Rue Saint-Martin, 325*. Aide immédiate : Placement chez les patrons.

*Champs-Elysées*, 154. Les blessés au travail. Plusieurs ateliers à Paris et en province.

*Champs-Élysées, 63*. Fédération nationale : Cours et ateliers divers à Paris.

*Grand-Palais*. École des Colonies étrangères en France.

AVEUGLES : *Institution nationale des jeunes aveugles*, 56, boulevard des Invalides.

*École Braille*, à Saint-Mandé.

*Annexe des Quinze-Vingts*, 99, rue de Reuilly.

SOURDS : *Institut national des sourds-muets*, 254, rue Saint-Jacques.

### DÉPARTEMENTS

AIN. — École pratique d'*Oyonnax* (Commerce).
— Placement dans l'industrie (Comité départemental).
AISNE. — École de la Thiérache à *Pavillons-sous-Bois* (Seine) (Département).
ALLIER. — Lycée de *Montluçon* (Instruction publique).
ALPES-MARITIMES. — *Antibes* (Dames de France).
ARIÈGE. — Ferme-École de *Royat* (Agriculture).
BASSES-PYRÉNÉES. — École de *Pau* (Municipalité).
— École de *Bayonne* (Municipalité).
— École d'aveugles de *Bayonne*.
BOUCHES-DU-RHONE. — École pratique de *Marseille* (Commerce).
— Écoles d'aveugles Fournier et Moitrier de *Marseille*.
CALVADOS. — École de *Douvres-la Délivrande* (Département).
— Écoles d'aveugles de *Caen*.
CANTAL. — École d'agriculture d'*Aurillac* (Agriculture).
CHARENTE. — Placement dans l'Industrie (Comité départemental).
— École pratique de l'*Oisellerie* (Agriculture).
CHARENTE-INFÉRIEURE. — École de laiterie de *Surgères* (Agriculture).
— École de tonnellerie de *Saintes* (Agriculture).
CHER. — École de *Bourges* (Département).
— Ferme-École de *Montlouis* (Agriculture).
CORRÈZE. — Placement dans l'Industrie (Comité départemental).
COTE-D'OR. — École d'agriculture de *Châtillon-sur-Seine* (Agriculture).
CÔTES-DU-NORD. — École d'aveugles de *Saint-Brieuc*.
CREUSE. — École pratique de *Genouillat* (Agriculture).
— Placement direct (Comité départemental).
DEUX-SÈVRES. — Placement direct (Comité départemental).
— Cours professionnel de *Niort* (Comité départemental).
DOUBS. — Ateliers d'horlogerie à *Besançon* et à *Montbéliard* (Comité départemental).
— École de laiterie de *Mamirolle* (Agriculture).

EURE-ET-LOIR. — École d'aveugles de *Chartres*.

FINISTÈRE. — École pratique de *Brest* (Municipalité).

GARD. — Cours professionnel à *Nîmes* (Comité départemental).

GERS. — École d'apprentissage agricole à *Auch* (Comité départemental).

— Ferme-Ecole de la *Hourre* (Agriculture).

GIRONDE. — École pratique et normale de rééducation professionnelle de *Bordeaux* (Département, Municipalité, État).

— École d'aveugles de *Bordeaux*.

— École pratique de la *Réole* (Agriculture).

HAUTE-GARONNE. — École supérieure de Commerce de *Toulouse* (Département).

— École d'aveugles de *Toulouse*.

— École pratique de *Ondes* (Agriculture).

HAUTE-MARNE. — École Nationale d'Osiériculture et de Vannerie de *Fayl-Billot* (Commerce et Agriculture).

HAUTE-SAVOIE. — École nationale d'horlogerie de *Cluses* (Commerce).

— Cours professionnels d'*Annecy* (Comité départemental).

HAUTE-VIENNE. — École pratique de *Limoges* (Municipalité).

HERAULT. — École de *Montpellier* (Département).

— École nationale d'Agriculture de *Montpellier* (Agriculture).

— École d'aveugles de *Montpellier*.

ILLE-ET-VILAINE. — École nationale d'agriculture de *Rennes* (Agriculture).

— Atelier de jouets de *Dinard* (Les « Blessés au travail »).

— Placement dans l'industrie (Comité départemental).

INDRE-ET-LOIRE. — École Sainte-Marie à *Tours* (« Assistance aux convalescents militaires »).

— École d'aveugles de *Tours*.

ISÈRE. — Centres de *Saint-Egrève*, *La Suisse*, et *Voiron* (« Assistance aux convalescents militaires »).

JURA. — École de laiterie de *Poligny* (Agriculture).

— École de taillerie de diamant de *Saint-Claude* (Commerce).

LOIRE. — École pratique de *Saint-Étienne* (Municipalité).

— École d'aveugles de *Saint-Étienne*.

LOIRE. — École pratique de *Roanne* (Commerce).

— Clissage des bouteilles à *Rive-de-Gier* (Placement privé).

LOIRET. — École d'*Orléans* (Municipalité).

LOIRE-INFÉRIEURE. — Placement dans l'industrie (Comité départemental).

— École d'aveugles de *Nantes*.

— École pratique de *Grandjouan* (Agriculture).

LOIR-ET-CHER. — École de *Blois* (Comité départemental).

LOT-ET-GARONNE. — École pratique d'*Agen* (Commerce).

— École pratique de *Marmande* (Commerce).

— Placement dans l'industrie (Comité départemental).

MAINE-ET-LOIRE. — École nationale d'Arts et Métiers d'*Angers* (Commerce).

MANCHE. — École pratique de *Cherbourg* (Commerce).

MAYENNE. — Placement dans l'industrie (Comité départemental).

MEURTHE-ET-MOSELLE. — École de *Nancy* (Œuvre privée).

MORBIHAN. — École de *Lorient* (Municipalité).

NIÈVRE. — École de *Nevers* (Département).

OISE. — École agricole de *Beauvais* (Œuvre privée).

PAS-DE-CALAIS. — École pratique de *Boulogne-sur-Mer* (Commerce).

— École de *Calais* (Municipalité et Département).

PUY-DE-DÔME. — École professionnelle des blessés de *Clermont-Ferrand* (Commerce).

— École d'aveugles de *Clermont-Ferrand*.

— École pratique de *Thiers* (Commerce).

RHÔNE. — Ecole de *Lyon*, 41, rue Rachais (Municipalité).

— École de *Lyon*, Tourvielle (Municipalité).

— École d'agriculture de *Limonest* (Œuvre privée).

— Cours professionnels de *Lyon* (Société d'Enseignement professionnel).

— Écoles d'aveugles de *Caluire* et de *Villeurbanne* (*Lyon*).

SAÔNE-ET-LOIRE. — École nationale d'Arts et Métiers de *Cluny* (Commerce).

— École pratique de *Fontaines* (Agriculture).

— Placement dans l'industrie (Comité départemental).

SARTHE. — Placement dans l'industrie (Comité départemental.)

SEINE-ET-OISE. — École nationale d'horticulture de *Versailles* (Agriculture).
— École nationale de *Grignon* (Agriculture).
— Bergerie nationale de *Rambouillet* (Agriculture).
— Ateliers professionnels de *Versailles* (Œuvre privée).
SEINE-INFÉRIEURE. — École de *Rouen* (Municipalité).
— École pratique du *Havre* (Commerce).
— École pratique d'*Elbeuf* (Commerce).
SOMME. — École d'aveugles d'*Amiens*.
TARN. — Cours professionnels d'*Albi* (Chambre de Commerce).
YONNE. — École pratique de *la Brosse* (Agriculture).

ALGÉRIE. — École d'apprentissage de *Dellys* (Commerce).
— École d'*Oran* (Dames de France).
TUNISIE. — Placement dans l'industrie (Résidence générale).

# ANNEXE II

## Liste des principales professions enseignées dans les écoles de blessés.

---

### a) — PROFESSIONS COMMERCIALES

*EMPLOYÉS DE COMMERCE* (*Apprentissage et salaire variables*). — Paris (office départemental), Boulogne-sur-Mer, Bourges, Brest, Clermont-Ferrand, Douvres-la Délivrande, Elbeuf (pour la draperie), Le Havre, Limoges, Lorient, Montpellier, Nevers, Toulouse, Tours.

*COMPTABLES* (*2 à 10 mois, 150 à 200 fr.*). — Paris (Saint-Maurice, quai de la Râpée, Office départemental), Agen, Bayonne, Bordeaux, Bourges, Brest, Clermont-Ferrand, Elbeuf, Limoges, Lorient, Lyon, Marseille, Montpellier, Nevers, Nîmes, Orléans, Oran, Pau, Roanne, Saint-Étienne, Toulouse, Tours.

*STÉNO-DACTYLOGRAPHES* (*2 à 4 mois, 150 à 300 fr.*). — Paris (Saint-Maurice, Office départemental), Agen, Antibes, Bayonne, Bordeaux, Bourges, Brest, Clermont, Limoges, Lyon, Montpellier, Nevers, Nîmes, Saint-Étienne, Tours.

### b) — TRAVAIL DES MÉTAUX

*AJUSTEURS* (*6 à 18 mois, 150 à 300 fr.*). — Paris (Rachel), Bordeaux, Brest, Cherbourg, Douvres-la Délivrande,

Le Havre, Marseille, Montpellier, Nevers, Oran, Pau, Saint-Étienne.

*CHAUDRONNIERS* (*1 an, 150 à 200 fr.*). — Brest, Marseille, Saint-Étienne, Tours.

*COUTELIERS* (*1 an, de 150 à 300 fr.*). — Thiers, Nevers, Tours.

*FERBLANTIERS* (*6 à 10 mois, de 150 à 300 fr.*). — Paris (Épinettes, Saint-Maurice), Brest, Le Havre, Marseille, Oran, Rouen, Saint-Étienne.

*MÉCANICIENS* (*3 à 6 mois, 150 à 250 fr.*). — Paris (Saint-Maurice, Épinettes), Clermont, Cluses (petite mécanique), Montpellier, Saint-Étienne, Tours.

*MOULEURS-MODELEURS* (*3 à 6 mois, 120 à 150 fr.*). — Paris (Office départemental), Douvres-la Délivrande.

*SERRURIERS* (*6 à 12 mois, 120 à 300 fr.*). — Bourges, Brest, Cherbourg, Marseille.

*TOURNEURS* (*4 à 10 mois, 120 à 300 fr.*). — Clermont, Le Havre, Montpellier.

*HORLOGERS* (*6 à 18 mois, 100 à 450 fr.*). — Cluses, Bourges, Brest, Lorient, Nevers, Pau, Rouen, Saint-Étienne, Tours.

*ORFÈVRES-BIJOUTIERS* (*6 à 10 mois, 150 à 400 fr.*). — Paris (rue Chapon, rue de la Jussienne), Lorient, Marseille, Nevers.

## c) — TRAVAIL DU BOIS

*CARROSSIERS* (*un an, 200 à 400 fr.*). — Montpellier, Nevers.

*EBÉNISTES* (*6 à 12 mois, 150 à 300 fr.*). — Paris (Office départemental, rue de la Durance), Bordeaux, Bourges, Brest, Lorient, Montpellier, Nevers, Pau, Toulouse.

*ENCADREURS* (*apprentissage et salaire variables*). — Montpellier, Nevers.

*FABRICANTS DE CHAISES* (*CANNELEURS, REMPAILLEURS, ETC.*) (*6 mois, de 120 à 200 fr.*). — Bayonne, Douvres-la Délivrande, Nevers, Orléans, Saint-Étienne, Tours.

*MENUISIERS* (*6 à 12 mois, de 150 à 300 fr.*). — Paris (Saint-Maurice, Office départemental, rue de la Durance),

Bayonne, Bordeaux, Bourges, Brest, Cherbourg, Clermont, Douvres-la Délivrande, Limoges, Lyon, Marseille, Montpellier, Nevers, Nîmes, Oran, Pau, Orléans, Saint-Étienne, Toulouse.

*TOURNEURS* (*6 à 12 mois, 160 à 250 fr.*). — Paris (Office départemental), Bordeaux, Bourges, Brest, Clermont, Le Havre, Marseille, Montpellier, Nevers, Nîmes, Oyonnax, Pau.

## d) — VÊTEMENTS, CHAUSSURES, CUIRS

*TAILLEURS* (*8 mois à 2 ans, 120 à 300 fr.*). — Paris (Saint-Maurice, Office départemental, Épinettes, quai de la Râpée), Antibes, Bayonne, Bourges, Brest, Clermont, Cherbourg, Douvres-la Délivrande, Le Havre, Limoges, Lorient, Lyon, Marseille, Montpellier, Nevers, Nîmes, Oran, Orléans, Pau, Rouen, Saint-Étienne, Tours.

*TISSEURS* (*3 à 6 mois, 120 à 200 fr.*). — Elbeuf, Roanne.

*PELLETIERS-FOURREURS* (*3 à 10 mois, 250 à 350 fr.*). — Paris (Chapal à Montreuil), Orléans, Tours.

*CORDONNIERS* (*6 mois à un an, 120 à 300 fr.*). — Paris (Saint-Maurice, Office départemental, quai de la Râpée, Épinettes), Antibes, Bayonne, Bordeaux, Bourges, Brest, Clermont, Cherbourg, Douvres-la Délivrande, Le Havre, Limoges, Lorient, Lyon, Marseille, Montpellier, Nevers, Nîmes, Oran, Orléans, Pau, Rouen, Saint-Étienne, Toulouse, Tours.

*PANTOUFLES, SANDALES* (*Fabricants de*) (*3 mois, 90 à 100 fr.*). — Agen, Bayonne, Bordeaux, Pau.

*SABOTIERS* (*2 à 6 mois, 100 à 150 fr.*). — Bayonne, Bourges, Lorient, Nevers, Saint-Étienne, Toulouse.

*MAROQUINIERS-MALLETIERS* (*6 à 10 mois, 150 à 180 fr.*). — Antibes.

*SELLIERS-BOURRELIERS* (*6 à 10 mois, 100 à 200 fr.*). — Paris (Saint-Maurice, Office départemental), Bourges, Brest, Douvres-la Délivrande, Le Havre, Limoges, Lorient, Montpellier, Nevers, Oran, Orléans, Tours.

## e) — MÉTIERS DIVERS

*BROSSES (Fabricants de) (3 à 6 mois, 90 à 120 fr.).* — Bayonne, Orléans, Pau, Saint-Étienne.

*COIFFEURS (3 mois, 100 à 250 fr.).* — Bourges, Douvres-la Délivrande, Nevers, Orléans.

*DESSINATEURS INDUSTRIELS (6 mois à un an, 200 à 500 fr.).* — Écoles d'Arts et Métiers d'Angers et Cluny, Paris (Saint-Maurice, Office départemental), Agen, Bourges, Brest, Clermont, Douvres-la Délivrande, Le Havre, Limoges, Lorient, Montpellier, Tours.

*ÉLECTRICIENS (6 à 10 mois, 150 à 450 fr.).* — Paris (Rachel), Bourges, Limoges, Marseille.

*JOUETS (Fabricants de) (4 à 6 mois, 150 à 250 fr.).* — Paris (avenue Montespan, Lycée Carnot, rue Orfila), Bayonne, Bourges, Clermont-Ferrand, Douvre-la Délivrande, Lyon, Oran.

*ORTHOPÉDISTES (15 à 18 mois, 200 à 300 fr.).* — Bayonne, Bordeaux, Lyon, Montpellier, Oran, Orléans, Pau.

*PEINTRES (Apprentissage et salaires variables).* — Lorient (voitures), Nevers (faïence), Pau.

*PHOTOGRAPHES (3 à 6 mois, 180 à 300 fr.).* — Paris (Office départemental, Sartony), Bayonne, Bourges, Douvres-la Délivrande, Limoges.

*RELIEURS, BROCHEURS, CARTONNIERS (3 à 6 mois, 90 à 200 fr.).* — Paris (Office départemental), Bordeaux, Bourges, Douvres-la Délivrande, Lorient, Lyon, Nevers, Oran, Orléans, Saint-Étienne.

*TABLETTERIE, INDUSTRIE DU CELLULOID (3 à 10 mois, 90 à 200 fr.).* — Oyonnax.

*TAILLEURS DE PIERRES (3 à 6 mois, 90 à 150 fr.).* — Lorient, Tours.

*TAILLEURS DE PIERRES FINES (6 à 15 mois, 150 à 400 fr.).* — Clermont, Saint-Claude.

*TAPISSIERS (Garnisseurs) (6 mois, 120 à 150 fr.).* — Bourges, Douvres-la Délivrande, Nevers, Saint-Étienne.

*TYPOGRAPHES-LITHOGRAPHES (6 mois à un an, 150 à*

*300 fr.*). — Paris (Office départemental), Bourges, Nevers, Orléans, Pau.

*VANNIERS* (*3 à 6 mois, 120 à 200 fr.*). — Fayl-Billot, Antibes, Bayonne, Bordeaux, Bourges, Douvres-la Délivrande, Nevers, Orléans, Pavillons-sous-Bois, Rouen, Saint-Étienne, Toulouse, Tours, Versailles.

## *f*) — PROFESSIONS AGRICOLES

*EXPERTS-GÉOMÈTRES* (*6 à 10 mois, 150 à 300 fr.*). — Paris (Saint-Maurice, Office départemental).

*MÉCANICIENS RURAUX* (*3 à 6 mois, 150 à 300 fr.*). — Paris (Saint-Maurice, Maison du soldat du XIIIe arrondissement), Grignon, Montpellier, Rennes, Écully (près Lyon), Grandjouan (Loire-Inférieure), La Brosse (Yonne), Le Chesnoy (Loiret), L'Oisellerie (Charente), Ondes (Haute-Garonne), Tomblaine près Nancy.

*BERGERS, VACHERS, LAITIERS, FROMAGIERS, JARDINIERS, VITICULTEURS.* — Écoles d'Agriculture (voir page 122).

# ANNEXE III

## Conditions d'admission dans les centres de rééducation professionnelle agréés par l'État.

1° **Mutilés hospitalisés.**

**Le mutilé ou estropié hospitalisé dans un établissement militaire, désirant entrer dans une école de rééducation, doit faire sa demande[1] par la voie hiérarchique au directeur**

1. Formulaire à remplir :

1° *a*) Nom du militaire :
*b*) Prénoms :
*c*) Grade :
*d*) Bureau de recrutement :
*e*) Dépôt du Corps :
2° *a*) Résidence habituelle en temps de paix :
*b*) Résidence actuelle[1] :
3° Profession antérieure :
4° Situation militaire[2] :
5° *a*) Origine de la ou des blessures :
*b*) Nature de la ou des blessures :
*c*) Appréciation de l'impotence au point de vue aptitude professionnelle[3] :
6° Désir exprimé par le blessé sur le choix de l'école ou du métier :
7° Observations particulières :

1. Établissement hospitalier militaire : sa désignation exacte. Œuvre d'assistance aux convalescents militaires : sa désignation exacte. En congé de convalescence ou d'attente chez eux : indiquer l'adresse exacte.
2. Pensionné ou en instance de pension. Gratifié ou en instance de gratification.
3. Ces indications devront être fournies par le médecin traitant si le militaire est dans un établissement hospitalier.

du service de santé de la région dans laquelle il se trouve, en indiquant le métier qu'il désire apprendre et la région dans laquelle il sollicite son affectation.

Cette demande doit être écrite de la main du candidat, sauf impossibilité majeure.

2° MUTILÉS SE TROUVANT DANS LEURS FOYERS.

Le mutilé en congé de convalescence illimité ou réformé n° 1 doit adresser sa demande au ministère de l'intérieur (Direction de l'assistance et de l'hygiène publique), — ou à l'Office national des mutilés, 95-97, quai d'Orsay, — ou au Directeur de l'École dans laquelle il désire entrer, — soit directement, soit par l'intermédiaire du préfet de son département.

Même formulaire pour la demande.

3° EXAMEN DES DEMANDES.

Les demandes recevront satisfaction dans la mesure des places disponibles dans l'école indiquée par le postulant. Faute de place, celui-ci sera dirigé sur un centre voisin ou similaire.

En entrant dans une école, quelle qu'elle soit, le mutilé ne prend aucun engagement et peut la quitter dès qu'il le voudra.

4° VOYAGE.

Les hommes qui se rendront directement des hôpitaux militaires dans les écoles recevront une feuille de route délivrée par l'autorité militaire. Les hommes déjà rentrés dans leurs foyers auront à demander un permis de voyage *gratuit* au préfet de leur département.

5° SUBSISTANCE.

Les mutilés seront complètement hébergés (logés, nourris et entièrement entretenus) aux frais de l'école. Seuls, les hommes en instance de liquidation de pension et touchant l'allocation de 1 fr. 70 abandonneront à l'école pour cet hébergement la somme de 1 fr. 20 par jour. A la somme de

0 fr. 50 (1 fr. 70 — 1 fr. 20) qui leur restera ainsi comme argent de poche viendra s'ajouter, s'il y a lieu, soit une partie des gains, soit une prime de travail.

6° Œuvres privées.

Les mutilés — ou réformés n° 2 non admis dans les écoles agréées — qui désirent entrer dans une école ou un atelier privés peuvent obtenir, de l'une des associations énumérées à l'annexe I, une aide matérielle ou pécuniaire pour suivre les cours desdits ateliers ou écoles.

# ANNEXE IV

## Principaux documents parlementaires concernant la rééducation professionnelle et l'amélioration du sort des blessés.

---

## I

### PROJET DE LOI

sur *les Pensions des armées de terre et de mer*, déposé par le Gouvernement sur le bureau de la Chambre des députés à la séance du 4 novembre 1915 (n° 1 410) et renvoyé à la Commission des pensions civiles et militaires.

ARTICLE PREMIER. — La présente loi s'applique aux pensions militaires de la Guerre et de la Marine, pour infirmités provenant de blessures ou maladies contractées entre le 2 août 1914 et la date fixée par un décret à intervenir après la cessation des hostilités. Ces pensions continuent à être soumises aux lois actuellement en vigueur, en tout ce qui n'est pas contraire aux dispositions des articles suivants.

Les pensions ainsi définies, qui auraient déjà été concédées, seront revisées, s'il y a lieu, pour être fait application de ces dispositions, avec rappel, au profit des titulaires, de la différence entre les arrérages correspondant à la liquidation nouvelle et ceux qui auraient été primitivement perçus.

TITRE PREMIER. — *Du droit à pension des militaires, marins et assimilés.*

Art. 2. — Les pensions auxquelles les militaires, marins et assimilés ont droit, en vertu de l'article 12 des lois des 11 et 18 avril 1831 et des dispositions de la présente loi, pour infirmités graves et incurables, provenant soit de blessures reçues au cours d'événements de guerre ou en service commandé, soit de maladies contractées ou aggravées par suite des fatigues ou dangers de service, sont établies d'après le degré d'invalidité, suivant le tarif fixé à l'article 4 ci-dessous.

Tant que l'infirmité n'est pas reconnue incurable, le militaire, marin ou assimilé, a droit à une allocation renouvelable établie d'après le même tarif.

L'infirmité ne peut être reconnue d'emblée incurable que si elle est constituée par une mutilation irrémédiable ou une suppression d'organe.

Art. 3. — L'allocation est concédée pour deux années. Elle est renouvelable par périodes biennales, après examens médicaux dans les conditions fixées par décret en Conseil d'État.

A l'expiration de chaque période, elle peut être, soit renouvelée à un taux inférieur, égal ou supérieur au taux primitif, soit convertie en pension si l'infirmité est reconnue incurable, soit supprimée si l'invalidité a disparu ou est devenue inférieure à 10 p. 100.

A cinq périodes biennales, l'état de l'ayant droit est considéré comme définitif, et sa situation est fixée nécessairement, soit par la conversion de l'allocation en pension, soit par la suppression de toute allocation.

Art. 4. — Pour la fixation du taux de la pension ou de l'allocation, les infirmités sont rangées, suivant le degré réel d'invalidité et en tenant compte, s'il y a lieu, de la pluralité des lésions, dans l'une des huit classes prévues ci-après :

| | | |
|---|---|---|
| 1^re^ classe | 100 p. 100 | |
| 2^e^ — | 80 | — |
| 3^e^ — | 60 | — |
| 4^e^ — | 50 | — |
| 5^e^ — | 40 | — |
| 6^e^ — | 30 | — |
| 7^e^ — | 20 | — |
| 8^e^ — | 10 | — |

Les pensions ou allocations de la 1^re^ classe sont égales au maximum de la pension d'ancienneté augmenté de 20 p. 100 en ce qui concerne les officiers et de 30 p. 100 en ce qui concerne les non officiers : celles de la seconde classe sont égales au maximum de la pension d'ancienneté.

Le minimum de la pension d'ancienneté est alloué pour les pensions ou allocations de la 4^e^ classe : il est majoré, pour les pensions ou les allocations de la 3^e^ classe, du tiers de la différence entre le maximum et le minimum.

Les pensions ou allocations des quatre dernières classes sont respectivement égales aux 4/5, 3/5, 2/5, 1/5, du minimum de la pension d'ancienneté.

S'il y a incapacité totale nécessitant l'assistance permanente d'une tierce personne, il est alloué, en sus de la pension ou de l'allocation, une majoration fixée uniformément à 225 francs. Cette majoration peut être allouée à titre temporaire et renouvelée dans les mêmes conditions que l'allocation renouvelable. Il est statué définitivement sur son attribution après dix années de jouissance.

Art. 5. — Au delà de vingt années de services effectifs en ce qui concerne les officiers ou de quinze années en ce qui concerne les non officiers, les pensions ou allocations prévues à l'article précédent sont déterminées de la manière suivante :

Pour chaque année de service ou de campagne au delà des limites sus-indiquées, il est ajouté au minimum de la pension d'ancienneté un accroissement égal à 1/20 de la différence entre le maximum et le minimum. Le total ainsi obtenu sert de base à la fixation du taux de la pension ou de l'allocation aux lieu et place du minimum de la pension d'ancienneté; il est réduit ou augmenté, suivant les cas, dans les proportions indiquées à l'article précédent d'après le degré d'invalidité, et sans que la pension ou l'allocation ainsi déterminée puisse, en aucun cas, excéder le maximum de la pension d'ancienneté.

Art. 6. — Dans tous les cas, des majorations annuelles sont accordées, en sus de la pension ou de l'allocation renouvelable, par enfant légitime né ou à naître, suivant le tarif ci-après :

100 francs pour les militaires, marins ou assimilés, dont la pension appartient à la 1re classe;

80 francs pour les militaires, marins ou assimilés, dont la pension appartient à la 2e classe;

60 francs pour les militaires, marins ou assimilés, dont la pension appartient à la 3e classe;

50 francs pour les militaires, marins ou assimilés, dont la pension appartient à la 4e classe;

40 francs pour les militaires, marins ou assimilés, dont la pension appartient à la 5e classe;

30 francs pour les militaires, marins ou assimilés, dont la pension appartient à la 6e classe;

20 francs pour les militaires, marins ou assimilés, dont la pension appartient à la 7e classe;

10 francs pour les militaires, marins ou assimilés, dont la pension appartient à la 8e classe.

Les mêmes majorations sont allouées pour chaque enfant naturel reconnu, sous les conditions fixées pour la reconnaissance au paragraphe 2 de l'article 18 ci-après.

Ces majorations sont payables pour chaque enfant jusqu'à l'âge de seize ans, même après la mort du père, sauf application des articles 12, 15, 17 et 18.

Lorsque la pension d'infirmités à laquelle peut prétendre le militaire, marin ou assimilé, par application des articles 4 et 5, se trouve inférieure à la pension proportionnelle ou d'ancienneté à laquelle ses années de service lui donnent droit, celle-ci s'augmente, s'il y a lieu, des majorations prévues par le présent article.

Art. 7. — Les allocations renouvelables, instituées par la présente loi, sont liquidées et concédées suivant les mêmes formes que les pensions : elles sont renouvelées par arrêté du ministre de la Guerre ou de la Marine. Elles sont soumises aux mêmes restrictions en cas de cumul et aux mêmes causes de déchéance : elles bénéficient des mêmes privilèges. Les décisions qui les concernent sont passibles des mêmes recours.

Art. 8. — Les militaires, marins ou assimilés, dont les droits auraient pris naissance au cours de la guerre actuelle, et qui seraient dès lors appelés à bénéficier des dispositions de la présente loi, conservent pendant un délai de deux ans, à partir de sa promulgation, le droit de réclamer l'application de la législation antérieure.

### TITRE II. — *Du droit des veuves et des enfants.*

. . . . . . . . . . . . . . . . . . . . .

### TITRE III. — *Du droit des ascendants.*

. . . . . . . . . . . . . . . . . . . . .

### TITRE IV. — *Des pensions ou allocations provenant d'autres législations et des règles relatives au cumul.*

Art. 24. — Les pensions et allocations concédées conformément à la présente loi demeurent soumises à toutes règles relatives au cumul, édictées pour les pensions militaires par les lois en vigueur et notamment aux sanctions résultant de l'article 15 de la loi du 15 mai 1818.

Toutefois, les dispositions de l'article 37 de la loi du 30 décembre 1913, relatives au cumul des pensions militaires pour infirmités équivalant à la perte d'un membre, sont étendues aux pensions de toute nature visées à l'article 4 ci-dessus.

Art. 25. — Les agents de l'État, placés au point de vue de la retraite sous le régime de la loi du 20 juillet 1886 et qui auront droit à une pension militaire pour infirmités, régie par la présente loi, ne pourront, s'ils font valoir leurs droits à une pension anticipée sur la Caisse nationale des retraites à raison des mêmes infirmités, prétendre, de ce dernier chef, à aucune bonification de l'État.

Art. 26. — Le droit d'option ouvert par la loi du 14 mars 1915 est étendu aux inscrits maritimes tributaires de la Caisse des invalides de la marine.

Art. 27. — Les titulaires des pensions ou des allocations prévues par la présente loi ne pourront demander leur admission au bénéfice de la loi du 16 juillet 1905, au titre de vieillards ou d'infirmes incurables, que dans la mesure où les sommes obtenues par l'application de cette dernière loi seraient supérieures auxdites pensions ou allocations. S'ils se présentent au titre d'infirmes incurables, ils devront en outre justifier d'infirmités autres que celles qui ont donné lieu à pension.

Art. 28. — Les titulaires d'une pension ou d'une allocation militaire pour infirmités en exécution de la présente loi ne pourront prétendre, à raison des mêmes infirmités, aux pensions anticipées prévues par l'article 9 de la loi du 5 avril 1910 sur les retraites ouvrières. Ils ne pourront réclamer le bénéfice de la loi du 14 juillet 1913 sur l'assistance aux familles nombreuses.

Art. 29. — (*Cet article est remplacé par le projet de loi concernant les « mutilés de la guerre victimes d'accidents du travail » que la Chambre des députés a voté dans sa séance du 24 mars 1915, actuellement soumis aux délibérations du Sénat, et dont on trouvera le texte plus loin au n° 5.*)

### TITRE V. — *Dispositions diverses.*

Art. 30. — En ce qui concerne les militaires de la gendarmerie, le minimum qui sert de base au calcul de la pension résultant de l'application de la présente loi sera augmenté, s'il y a lieu, des majorations spéciales édictées en faveur de la gendarmerie par les lois en vigueur.

ART. 31. — Les grades conférés à titre temporaire pour la durée de la guerre comportent application du tarif de pension afférent à ces grades pour la liquidation des pensions prévues par la présente loi.

ART. 32. — Les marins mis à la disposition du ministre de la Guerre pendant la durée des hostilités pour servir dans l'armée de terre, conservent leur droit à l'application des tarifs de l'armée de mer, suivant le grade qu'ils y occupaient.

Toutefois, ceux d'entre eux qui auraient été pourvus d'un nouveau grade dans l'armée de terre pourront réclamer l'application du tarif afférent à ce grade, s'il est plus avantageux.

ART. 33. — Des règlements d'administration publique détermineront toutes mesures nécessaires pour l'application de la présente loi.

## II

## LOI

### *du 17 avril 1916*

### relative aux *Emplois réservés aux militaires retraités ou réformés pendant la guerre.*

ARTICLE PREMIER. — Les militaires des armées de terre et de mer réformés n° 1 ou retraités par suite d'infirmités résultant de blessures ou de maladies contractées devant l'ennemi, au cours de la guerre actuelle, bénéficieront, à partir de la publication du règlement d'administration publique prévu par la présente loi et pendant un délai de cinq ans, à dater de la cessation des hostilités, d'un droit de préférence pour l'obtention de tous les emplois réservés par les tableaux E, F et G annexés à la loi du 21 mars 1905 qui ne nécessitent pas l'intégrité des forces physiques, quels que soient d'ailleurs leur grade et la durée de leurs services. Ce droit de préférence s'exercera tout d'abord en faveur des pères des familles les plus nombreuses.

Les militaires ci-dessus désignés pourront être admis au bénéfice de ces emplois, alors même qu'ils auraient, le 1er août 1914, date du décret de mobilisation des armées de terre et de mer, dépassé la limite d'âge telle qu'elle est fixée par l'article 14 du règlement d'administration publique du 26 août 1905 rendu en exécution de l'article 69 de la loi du 21 mars 1905.

A défaut de militaires remplissant les conditions indiquées ci-dessus, les emplois seront attribués conformément aux articles 69 et suivants de la loi du 21 mars 1905.

Art. 2. — Un règlement d'administration publique qui devra intervenir dans le délai de trois mois déterminera les mesures nécessaires à l'application de la présente loi et énumérera notamment les catégories de blessures ou d'infirmités permettant de concourir à l'obtention d'un emploi réservé dans les conditions définies à l'article 1er.

Ce règlement indiquera également le mode d'obtention du certificat d'aptitude professionnelle, ainsi que les conditions dans lesquelles les candidats seront inscrits sur une liste spéciale, établie pour chaque emploi par la commission instituée en exécution de l'article 70 de la loi du 21 mars 1905[1].

1. Le règlement d'administration publique, préparé par le Conseil d'État, a été publié à l'*Officiel* du 18 juillet. Nous le résumerons brièvement :

Les emplois réservés sont divisés en *quatre* catégories et classés, dans des tableaux annexes, d'après les mutilations avec lesquelles ils sont compatibles. Les candidats peuvent solliciter plusieurs emplois mais ne sont classés que pour un seul en tenant compte, autant que possible, de leurs préférences. Les dossiers sont établis par le commandant de la subdivision de région dans laquelle résident les candidats.

Art. 3. — Les administrations visées aux tableaux E, F et G annexés à la loi du 21 mars 1905, ainsi que les entreprises industrielles ou commerciales jouissant d'une concession, d'un monopole ou d'une subvention de l'État, du

Ces dossiers comprennent les pièces ci-après :

1° La demande d'emploi;

2° Un certificat de visite médicale délivré par deux médecins militaires désignés par le commandant de la subdivision de région;

3° S'il y a lieu, les certificats spéciaux, pour les emplois nécessitant une pratique technique ou une aptitude physique spéciale, notamment en ce qui touche le séjour hors d'Europe, ou le service des chemins de fer;

4° L'état signalétique et des services; ce document doit contenir l'indication aussi précise que possible des circonstances dans lesquelles le militaire a été atteint de la blessure ou de la maladie qui a entraîné son infirmité;

5° L'extrait du casier judiciaire n° 2; pour les militaires des régions envahies, cette pièce est remplacée par un extrait des sommiers judiciaires tenus à la Préfecture de Police, à Paris;

6° L'appréciation du chef de corps ou du directeur du service auquel appartenait le candidat, sur la moralité, la tenue, la conduite et les aptitudes spéciales de ce dernier; en cas d'impossibilité de fournir cette pièce, tous renseignements de nature à en tenir lieu;

7° Une déclaration du candidat faisant connaître le nombre et l'âge de ses enfants légitimes ou reconnus, et indiquant, parmi ces enfants, ceux qui sont effectivement à sa charge; l'exactitude de cette déclaration doit être certifiée par le maire ou le commissaire de police de son domicile; en cas d'impossibilité de produire cette certification, il y est suppléé par un acte dressé après enquête, dans les formes prescrites par un arrêté du ministre de la Guerre;

8° Un rapport établi dans les conditions fixées par le ministre de la Guerre, relatif à la conduite du candidat depuis sa sortie du service;

9° Une copie certifiée du congé de réforme ou du titre de pension.

Pour les quatre catégories d'emplois réservés, un certificat d'aptitude professionnelle est exigé. Ce certificat est délivré par le Commandant de la subdivision de région pour les emplois de la 4ᵉ catégorie, par des Commissions spéciales pour les 3ᵉ et 2ᵉ catégories et par une Commission centrale siégeant à Paris pour les emplois de la 1ʳᵉ catégorie.

département ou de la commune, devront établir la liste et indiquer les conditions d'accès des emplois non réservés susceptibles d'être attribués avec droit de préférence aux militaires visés à l'article 1er de la présente loi. Elles pourront également comprendre dans cette liste la proportion des emplois visés auxdits tableaux et non réservés par les lois des 21 mars 1905 et 8 août 1913.

En dehors du certificat d'aptitude professionnelle, les candidats auront à subir des examens, sauf pour les emplois de la 4e catégorie.

Les administrations intéressées adresseront trimestriellement un état des prévisions de vacances au ministre de la Guerre.

Toutefois, un régime provisoire sera établi pendant la durée de la guerre et les six mois qui suivront la cessation des hostilités, en vue de ne pas attribuer immédiatement tous les emplois et ne pas créer une inégalité trop criante entre les mutilés d'aujourd'hui et ceux de demain.

La Commission de classement des emplois réservés se réunit chaque trimestre et opère le classement des candidats sur une liste spéciale, dans l'ordre indiqué ci-après :

1° Les militaires qui occupaient un de ces emplois avant la guerre et qui sont inaptes à le reprendre se verront attribuer, dans certaines conditions, un autre emploi, dont la rémunération se rapprochera de celle qu'ils recevaient auparavant.

2° Les candidats déjà inscrits sur les listes de classement jouiront d'un droit de préférence immédiatement après ceux dont nous venons de parler.

3° Les droits des autres militaires réformés n° 1 ou retraités s'ouvriront ensuite.

Quant aux candidats qui occupaient avant la guerre un emploi réservé, et dont l'aptitude physique est reconnue suffisante, ils seront réintégrés de plein droit dans leur emploi sans être soumis à aucune formalité.

La préférence appartient, dans les deux premières parties de la liste, aux pères de famille ayant à leur charge le plus grand nombre d'enfants.

Enfin, dans les trois catégories, à égalité de nombre d'enfants, la préférence est donnée aux postulants dont l'infirmité est la plus grave.

Le titre II du règlement indique dans quelles conditions seront réservés et obtenus les emplois dépendant d'entreprises industrielles ou commerciales jouissant d'une concession, d'un monopole ou d'une subvention de l'État, du département ou de la ommune.

Cette liste, qui sera transmise au ministre de la Guerre dans le délai de quatre mois à dater de la promulgation de la présente loi, sera arrêtée par un décret contresigné par le ministre de la Guerre et par chacun des ministres intéressés.

ART. 4. — Aucune entreprise industrielle ou commerciale ne pourra à l'avenir obtenir une concession, un monopole ou une subvention de l'État, du département ou de la commune, qu'à la condition de réserver aux militaires qui font l'objet de la présente loi un certain nombre d'emplois à déterminer par le cahier des charges, en tenant compte des situations de familles prévues à l'article premier.

ART. 5. — Les militaires des armées de terre et de mer qui, avant leur mobilisation, occupaient un des emplois énumérés aux tableaux E, F et G seront, si leur aptitude physique le permet, réintégrés dans leur emploi, ou pourvus dans la même administration d'un autre emploi réservé ou non réservé.

ART. 6. — Les candidats militaires des armées de terre et de mer déjà inscrits sur la liste de classement pour un des emplois réservés et qui réuniraient l'une des conditions déterminées par le paragraphe 1er de l'article 1er de la présente loi jouiront d'un droit de préférence auxdits emplois immédiatement après les militaires désignés à l'article 5.

Les autres candidats militaires déjà classés conserveront le droit qui leur est acquis sous réserve que ce droit ne s'exercera qu'après celui reconnu aux militaires et marins réformés nº 1 ou retraités visés à l'article 1er.

ART. 7. — Sont suspendues, pendant la durée de son application, toutes les dispositions des lois antérieures contraires à la présente loi.

## III

# PROPOSITION DE LOI

tendant à *attribuer des recettes buralistes et des débits de tabacs aux militaires et civils, blessés en campagne ou par faits de guerre depuis le 1er août 1914 et aux veuves et orphelins de militaires et civils morts au service de la patrie depuis la même date,* présentée par la Commission d'assurance et de prévoyance sociale de la Chambre (M. Paul Gruet, rapporteur) à la séance du 2 mars 1916, n° 1868.

ARTICLE PREMIER. — Durant une période de cinq ans à compter de la cessation des hostilités, les recettes buralistes de 1re classe, sont, en totalité, attribuées : 1° aux officiers, sous-officiers, soldats ou marins réformés par congé n° 1 pour blessures reçues ou maladies contractées devant l'ennemi et hors d'état de reprendre leurs occupations antérieures.

2° Aux veuves, ou filles célibataires ou veuves majeures, de receveurs mobilisés morts en campagne ou par fait de guerre quand ces veuves ou filles auront assuré en l'absence du receveur la gestion de son emploi.

3° Aux civils qui ont, à l'occasion de la guerre, accompli des actes signalés de dévouement, ou reçu des blessures les frappant d'incapacité permanente.

La liste des candidatures est établie par la commission instituée par l'article premier du décret du 31 janvier 1911.

ART. 2. — Au cours de la même période, les recettes buralistes de 2e classe sont, en totalité, attribuées : 1° aux sous-officiers, soldats ou marins réformés par congé n° 1 pour blessures reçues ou maladies contractées devant l'ennemi; 2° aux veuves, ou filles célibataires ou veuves majeures, des receveurs mobilisés morts en campagne ou par fait de guerre quand ces veuves ou filles auront assuré en l'absence du receveur la gestion de son emploi ; 3° aux civils qui ont, à l'occasion de la guerre, accompli des actes de dévouement, ou reçu des blessures.

La liste des candidats est établie, dans chaque département, par la commission instituée par le décret du 17 mars 1874.

Le candidat, qui a restreint sa demande à un ou plusieurs postes déterminés, ne peut être l'objet d'une autre affectation.

ART. 3. — Pendant les cinq années qui suivront la cessation des hostilités, les débits et parts de débits de tabacs de toutes classes sont attribués, à concurrence des trois quarts, aux veuves et orphelins, classés par les Commissions instituées par les décrets des 28 novembre 1873 et 17 mars 1874 :

1° Des officiers, sous-officiers, soldats, marins, fonctionnaires et employés civils de l'État, morts sous les drapeaux ou décédés, après renvoi dans leurs foyers, dans l'année à compter de la cessation des hostilités, de blessures reçues ou de maladies contractées pendant la guerre ;

2° Des civils tués par l'ennemi ou par événement de guerre, ou morts, dans l'année à compter de la cessation des hostilités, de blessures reçues dans les mêmes conditions.

ART. 4. — Le ministre des Finances et les préfets procéderont, tous les ans, les commissions entendues, à la revision du cinquième des débits concédés. La première revision aura lieu en 1917.

La composition des commissions de classement peut être modifiée par décret.

ART. 5. — Pour toutes les recettes buralistes et tous les débits de tabacs, les commissions chargées du classement et l'autorité chargée de la nomination tiennent compte, exclusivement, en dehors des titres et de la situation de fortune des candidats, de leurs charges de famille. Toutes autres conditions égales, les candidats ayant le plus grand nombre d'enfants sont, dans tous les cas, préférés.

ART. 6. — Les produits que les recettes buralistes ou débits de tabacs concédés en vertu de la présente loi procurent à leurs titulaires sont pendant un délai de trois années, à dater de la promulgation de la présente loi et jusqu'à concurrence de 2 000 francs par an, incessibles et insaisissables.

## IV

## PROPOSITION DE LOI

concernant *la gratuité viagère des soins médicaux et des fournitures prothétiques ou orthopédiques aux blessés, mutilés et malades victimes de la guerre*, déposée sur le bureau de la Chambre à la séance du 25 mars 1915 par MM. Henri Connevot et Dalbiez, députés, et renvoyée à la Commission de l'armée, n° 803.

ARTICLE PREMIER. — Les militaires victimes de la guerre, qu'ils aient été réformés avec ou sans pension, bénéficieront de droit, leur vie durant, sur leur demande et sur la seule présentation de leur certificat d'origine de blessure ou de maladie, de l'assistance médicale gratuite comprenant les soins du médecin et les fournitures pharmaceutiques, nécessités par les suites de ces blessures ou maladies.

Ils seront admis dans les mêmes conditions, aux frais de l'État, au traitement gratuit dans les établissements balnéaires ou thermaux, toutes les fois que ce traitement sera reconnu médicalement nécessaire.

ART. 2. — Tout militaire aveugle, dont la cécité proviendra d'un accident ou d'une maladie dont la guerre ou l'accomplissement d'un service commandé auront été la cause, sera admis gratuitement dans un des établissements de l'État, ou entretenu par l'État dans un établissement qu'il subventionne, pendant le temps nécessaire à sa rééducation professionnelle.

ART. 3. — Tout militaire frappé d'aliénation mentale à l'occasion de la guerre sera, à la demande de sa famille, de ses tuteur ou curateur, interné aux frais de l'État, aussi longtemps qu'il sera nécessaire, dans un établissement national, départemental ou communal d'aliénés.

ART. 4. — L'État fournira gratuitement à tous les blessés et mutilés de la guerre, tous les appareils orthopédiques et prothétiques qui leur seront reconnus médicalement nécessaires.

Les appareils seront des types les plus perfectionnés, ils seront réparés gratuitement et, de même, remplacés gratuitement après usure, sans limite.

Il sera pourvu à cette fourniture au moyen de crédits ouverts au budget du ministère de la Guerre.

## V

## PROJET DE LOI

concernant *les mutilés de la guerre victimes d'accidents du travail*, voté par la Chambre des députés dans sa séance du 24 mars 1915 et soumis aux délibérations du Sénat, n° 137.

ARTICLE PREMIER. — Toutes les fois qu'un mutilé de la guerre aura été victime d'un accident du travail survenu dans les conditions prévues par les lois des 9 avril 1898, 30 juin 1899, 12 avril 1906, 18 juillet 1907 et 15 juillet 1914, l'ordonnance du président ou le jugement du tribunal qui fixera le montant des rentes pouvant résulter, tant de sa mort que de la réduction permanente de sa capacité de travail, devra indiquer expressément :

1° Si l'accident a eu pour cause exclusive la mutilation de guerre préexistante;

2° Si la réduction permanente de capacité résultant de

l'accident a été aggravée par le fait de ladite mutilation et dans quelle proportion.

Dans le premier cas, le chef d'entreprise sera exonéré de la totalité des rentes allouées à la victime ou à ses ayants droit par l'ordonnance ou le jugement; et dans le second cas, de la quotité desdites rentes correspondant à l'aggravation ainsi déterminée.

Le capital représentatif des rentes auxquelles s'appliquera cette exonération sera versé à la Caisse nationale des retraites pour la vieillesse par prélèvement sur les ressources d'un fonds spécial de prévoyance dit « des mutilés de la guerre », dont le fonctionnement sera assuré par le ministre du Travail et de la Prévoyance sociale et la gestion financière par la Caisse des dépôts et consignations.

Tous les employeurs contribueront à la constitution de ce fonds spécial dans les conditions déterminées par l'article 25 de la loi du 9 avril 1898, les articles 4 et 5 de la loi du 12 avril 1906 modifiée par celle du 26 mars 1908, l'article 4 de la loi du 18 juillet 1907 et l'article 6 de la loi du 15 juillet 1914.

En outre, il sera versé annuellement audit fonds, par les organismes d'assurance contre les accidents du travail, une contribution qui sera déterminée dans les formes établies à l'article 27, dernier alinéa, de la loi du 9 avril 1898 modifiée par celle du 31 mars 1905 en ce qui concerne les frais de contrôle et de surveillance des organismes assujettis à la loi; cette contribution reste exclusivement à la charge des entreprises d'assurances.

ART. 2. — Un décret, rendu après avis du Comité consultatif des assurances contre les accidents du travail, dont fera partie comme membre de droit le conseiller juridique du contrôle des assurances privées, déterminera les conditions d'organisation et de fonctionnement du service du « Fonds spécial de prévoyance ».

ART. 3. — Le taux des taxes à percevoir des chefs d'entreprise, par application des dispositions qui précèdent, sera fixé chaque année par décret conformément à la loi du 29 mai 1909.

A titre transitoire et pour les années 1916 et 1917, elles seront égales au tiers des taxes prévues :

1° Par le décret du 28 mai 1915, en ce qui concerne les patentés et les exploitants des mines;

2° Par la loi du 13 décembre 1912, en ce qui concerne l'application des alinéas 2 et 3 de l'article 5 de la loi du 12 avril 1906;

3° Par l'arrêté du ministre du Travail fixant les frais de contrôle et de surveillance des organismes d'assurance pour l'année 1913.

## VI

## PROPOSITION DE LOI

tendant *à garantir le bénéfice de l'assurance contre le risque d'invalidité et de maladie aux réformés et mutilés, ainsi qu'aux victimes civiles de la guerre,* déposée le 7 juillet 1914 par M. André Honnorat et plusieurs de ses collègues, n° 2312.

TITRE PREMIER. — *Assurance contre les risques d'invalidité et de maladie en faveur des militaires, marins ou assimilés, réformés pendant la durée de la guerre.*

ARTICLE PREMIER. — L'assurance contre le risque d'invalidité et contre le risque de maladie est garantie, dans les conditions déterminées par la présente loi, aux anciens militaires, marins ou assimilés ayant été réformés pour blessures, infirmités ou maladies contractées ou aggravées au service de la France entre le 2 août 1914 et la date fixée par un décret à intervenir après la cessation des hostilités, sans qu'il y ait lieu de distinguer entre ceux qui sont titulaires d'une pension de réforme ou d'une allocation renouvelable de la Guerre ou de la Marine et ceux qui ne bénéficient d'aucun de ces avantages.

Art. 2. — L'assurance contre l'invalidité prématurée entraînant une incapacité absolue et permanente de travail et contre l'invalidité résultant de l'âge est organisée conformément aux dispositions de la loi sur les retraites ouvrières et paysannes.

Toutefois, à titre exceptionnel, pour cette catégorie d'assurés, le montant de la bonification d'invalidité prévue à l'article 9 de la loi du 5 avril 1910 est porté au maximum des chiffres auxquels sont fixés, par le paragraphe premier de l'article 4 de la même loi, l'allocation viagère à l'âge de soixante ans et la majoration accordée aux assurés ayant élevé trois enfants.

Cette bonification et cette majoration sont acquises aux intéressés sans qu'il y ait lieu de tenir compte pour eux de la durée pendant laquelle ils ont été placés sous le régime de l'assurance.

Lorsqu'ils appartiennent à une des catégories visées à l'article premier ci-dessus, les salariés de l'industrie, du commerce, des professions libérales et de l'agriculture, les serviteurs à gages, les salariés de l'État qui ne sont pas placés sous le régime des pensions civiles ou des pensions militaires et les salariés des départements et des communes, conservent, même en étant titulaires d'une pension de réforme ou d'une allocation renouvelable de la Guerre ou de la Marine, le bénéfice du régime d'assurance obligatoire institué par le titre premier de la loi sur les retraites ouvrières et paysannes. En aucun cas, le montant de la pension de réforme ou de l'allocation renouvelable n'entre en ligne de compte dans l'évaluation de leur rémunération annuelle.

De même, lorsqu'ils appartiennent à une des catégories visées à l'article premier ci-dessus, les fermiers, métayers, cultivateurs, artisans et petits patrons qui, habituellement, travaillent seuls ou avec un seul ouvrier et avec des membres de leur famille, salariés ou non, habitant avec eux, les salariés, autres que les salariés de l'État placés sous le régime des pensions civiles ou des pensions militaires, dont la rémunération annuelle excède 3 000 francs sans dépasser 5 000 francs et les personnes exerçant une profession libérale qui ne sont pas assujetties à l'impôt général sur le revenu institué par la loi du 15 juillet 1914, sont inscrits d'office sur la liste des assurés tenue pour l'exécution de l'article 36 de la loi sur les retraites ouvrières et paysannes et bénéficient de plein droit de l'article 9 de ladite loi.

En outre, tous les réformés assurés de la loi des retraites bénéficient de plein droit et sans avoir à effectuer de versements rétroactifs, du régime transitoire de la loi sur les retraites ouvrières et paysannes auquel ils peuvent prétendre. A cet égard, les salariés et les personnes exerçant une profession libérale visés au paragraphe 4 ci-dessus sont assimilés aux petits patrons.

Les statuts des caisses de retraites ou les règlements de retraites au profit des salariés de l'État qui ne sont pas placés sous le régime des pensions civiles ou des pensions militaires, des salariés des départements, des communes ou des caisses d'épargne, dont le maintien ou l'institution est autorisée par décret en exécution des paragraphes 3 et 4 de l'article 10 de la loi sur les retraites ouvrières et paysannes qui ne garantissent pas à ceux de leurs salariés qui sont des réformés visés à l'article premier ci-dessus, des avantages au moins équivalents à ceux résultant du présent article, doivent prévoir la faculté pour les intéressés d'opter pour le régime général de la loi sur les retraites ouvrières et paysannes.

Art. 3. — L'assurance contre le risque de maladie est instituée en faveur de tous les réformés visés à l'article premier de la présente loi qui ne bénéficient pas déjà d'un régime d'assurance obligatoire contre la maladie.

A défaut d'organismes créés par l'État, cette assurance est réalisée par l'affiliation obligatoire à une société de secours mutuels.

Ces sociétés ne pourront être admises à se charger du service prévu au présent article que si elles ont obtenu l'agrément du ministère du Travail et de la Prévoyance sociale et se sont, au préalable, engagées notamment :

1° A prendre à leur charge, pendant toute la durée de la maladie, même pour les assurés atteints d'une incapacité absolue et permanente de travail ou âgés de plus de 60 ans :

*a*) Le service des frais médicaux et pharmaceutiques;

*b*) Les frais d'éducation et de traitement aux dispensaires d'hygiène sociale et de préservation antituberculeuse institués par la loi du 15 avril 1916;

*c*) Les frais de traitement et d'entretien à un établissement de cure;

*d*) Le payement à l'intéressé ou, en cas de traitement hors du domicile, le payement à la famille d'une allocation journalière de 1 fr. 25 majorée de 0 fr. 50 par enfant mineur de moins de 16 ans, à partir de la date de cessation du payement ou du salaire;

2° A organiser ou à s'affilier à un dispensaire d'hygiène sociale ou de préservation antituberculeuse prévu par la loi du 15 avril 1916;

3° A se réassurer, suivant le cas, ou à une caisse mutualiste de réassurance préalablement agréée pour ce service par le ministère du Travail et de la Prévoyance sociale, et comprenant au moins 10 000 mutualistes;

4° A se soumettre aux règles de comptabilité et au contrôle technique et financier du ministère du Travail et de la Prévoyance sociale;

5° A assurer pour le compte de leurs adhérents visés à l'article 2 ci-dessus l'encaissement des versements ouvriers et patronaux prévu par la loi sur les retraites ouvrières et paysannes.

Art. 4. — Les réformés visés à l'article premier ci-dessus, y compris ceux qui sont titulaires d'une pension ou d'une allocation renouvelable de la Guerre ou de la Marine, ont droit à une allocation spéciale de l'État fixée :

Pour ceux qui sont assurés contre l'invalidité, qu'ils soient placés sous le régime de l'article premier ou sous celui de l'article 36 de la loi sur les retraites ouvrières et paysannes, à dix-huit francs par an (18 fr.);

Pour ceux qui sont assurés contre la maladie, à douze francs par an (12 fr.).

Ces deux sommes sont encaissées par la Société de secours mutuels qui assure les intéressés contre la maladie.

Cette société encaisse également, pour le compte des intéressés, les cotisations réglementaires ouvrières et patronales prévues par l'article 2 de la loi sur les retraites ouvrières et paysannes, ainsi que les versements personnels effectués au titre de l'article 36.

Art. 5. — Sans préjudice des dispositions en vigueur concernant les subventions dont bénéficient les sociétés de secours mutuels, celles de ces sociétés qui sont agréées dans les termes de l'article 3 ci-dessus recevront de l'État des subventions spéciales destinées à leur permettre de supporter les charges du service d'assurance contre la maladie, prévu par la présente loi, dont elles se seront chargées.

Le montant de ces subventions spéciales de l'État sera égal à la différence entre les dépenses réellement effectuées pour le service envisagé, majorées de 5 p. 100 pour frais d'administration, et le produit des cotisations, sans pouvoir dépasser les chiffres fixés annuellement par la loi de finances.

Des avances sur ces subventions pourront être consenties à ces sociétés.

Des majorations fixées à 0,50 p. 100 seront accordées aux sociétés de secours mutuels agréées dans les termes de l'article 3 ci-dessus, qui auront organisé un dispensaire d'hygiène sociale et de préservation antituberculeuse, prévu par la loi du 15 avril 1916.

La portion des subventions spéciales prévues au présent article représentant le montant des primes de réassurance sera versée directement à la société de secours mutuels qui se sera chargée du service de la réassurance.

TITRE II. — *Assurance contre les risques d'invalidité et de maladie en faveur des victimes civiles de la guerre.*

. . . . . . . . . . . . . . . . . . . . . . . .

# VII

# PROPOSITION DE LOI

tendant à *l'obligation de la rééducation professionnelle des blessés et des mutilés de la guerre appelés à bénéficier de la loi sur les pensions militaires*, votée par la Chambre dans sa séance du 14 avril 1916 et soumise aux délibérations du Sénat, n° 166[1].

ARTICLE PREMIER. — Tout blessé de la guerre ayant subi une diminution fonctionnelle qui ne lui permet plus, sans

1. Le texte de la Chambre a été modifié par la Commission du Sénat (M. Paul Strauss, rapporteur) dans presque tous ses articles. En premier lieu le régime du condominium établi par l'article 6 est remplacé par le rattachement pur et simple de l'Office au ministère du Travail. En second lieu, le nouvel article 2 donne une définition dudit Office, laquelle avait été omise dans le premier texte. Par contre la composition des divers comités ou commissions de l'Office est rayée de la loi et laissée à un règlement d'Administration publique lequel sera, en fait, la véritable loi puisqu'il réglementera la création et le régime des centres régionaux, la condition des œuvres privées dans leurs rapports avec l'Office, le régime des subventions et des admissions aux écoles, celui du placement, etc... — Enfin le ministère de l'Intérieur passe ses crédits au ministère du Travail. Ajoutons que le nouvel article 5 est rédigé comme suit :

« ART. 5. — Pendant la période fixée pour la rééducation professionnelle d'un blessé ou invalide dont la pension n'est pas liquidée, sa famille continue à toucher l'allocation militaire. Si la pension est liquidée et que le douzième de celle-ci soit inférieur au montant mensuel de l'allocation allouée à la famille, la différence lui sera versée jusqu'à la fin de la période de rééducation.

« Les dispositions prévues au paragraphe précédent ne sont applicables qu'au blessé ou invalide dont la rééducation professionnelle se fait dans un établissement, ou chez une personne, agréé par le centre régional de rééducation professionnelle.

« Le centre régional peut fixer ou réduire la durée de la période de rééducation professionnelle d'un blessé ou réformé.

« En aucun cas, le taux de la pension ne peut être réduit du fait de la rééducation professionnelle et de la réadaptation au travail. »

réapprentissage, d'exercer sa profession ou une autre profession, peut demander son inscription à un centre de rééducation professionnelle. La demande est adressée par le blessé soit directement au centre de rééducation dans la circonscription duquel il a son domicile, soit à l'Office national des mutilés et réformés de la guerre (Commission de rééducation) qui dirige le mutilé sur le centre voisin de son domicile le plus apte à le rééduquer promptement.

Toutes les fois qu'il n'y a pas impossibilité matérielle, la rééducation professionnelle des mutilés et réformés de la guerre doit être faite simultanément avec la rééducation fonctionnelle.

La Commission de rééducation de l'Office national détermine le siège des centres de rééducation professionnelle ainsi que leur circonscription.

Art. 2. — Après examen de ses aptitudes, le centre de rééducation pourvoit, dans la mesure des moyens dont il dispose, au placement du mutilé en apprentissage, soit dans une école spéciale, soit dans une entreprise publique ou privée, soit chez un particulier et, s'il y a lieu, assure son logement et sa subsistance suivant les moyens locaux pendant la durée de l'apprentissage et sous le contrôle de l'Office national (Commission de rééducation).

Art. 3. — En aucun cas, le chiffre de la pension ou de la gratification renouvelable ne peut être réduit du fait de la rééducation professionnelle.

Art. 4. — Il est prévu aux frais de la rééducation des mutilés par un crédit inscrit au budget du ministère de l'Intérieur. Les subventions aux centres de rééducation ou aux œuvres qui leur sont rattachées sont attribuées après avis de l'Office national des mutilés et réformés de la guerre (Commission de rééducation).

Art. 5. — Pendant la période fixée pour la rééducation, tant que le mutilé n'est pas pensionné, sa famille continue à toucher l'allocation militaire; s'il est pensionné et si le nombre des enfants du mutilé est tel que le total des allocations et majorations auxquelles sa famille avait droit dépasse le total de ce qui lui est accordé par le fait ou à l'occasion de sa blessure, la famille continuera à toucher la différence entre le premier et le second de ces totaux.

ART. 6. — L'Office national des mutilés et réformés de la guerre comprend une Commission spéciale de rééducation ainsi composée :

2 délégués du ministère du Travail;
2 délégués du ministère de l'Intérieur;
2 délégués du ministère de la Guerre;
2 délégués du ministère du Commerce;
2 délégués du ministère de l'Agriculture;
2 délégués du ministère de l'Instruction publique;
2 délégués du ministère des Travaux publics;
1 délégué du ministère de la Marine;
2 médecins traitants ou chirurgiens choisis parmi les membres des sociétés de chirurgie;
2 personnes choisies dans les administrations des œuvres existantes;
2 membres d'organisations professionnelles patronales;
2 membres d'organisations professionnelles ouvrières;
2 membres d'associations agricoles syndicales ou coopératives.

ART. 7. — Les comités départementaux ou locaux rattachés à l'Office national des réformés et mutilés de la guerre comportent également des sections de rééducation qui se tiennent en contact permanent avec les centres de rééducation.

Pour la formation de ces sections, les comités sont complétés, s'il y a lieu, de façon à comprendre :

1 représentant des œuvres de rééducation;
1 chirurgien ou médecin traitant;
1 membre d'organisation professionnelle patronale;
1 membre d'organisation professionnelle ouvrière;
1 membre d'association agricole syndicale ou coopérative.

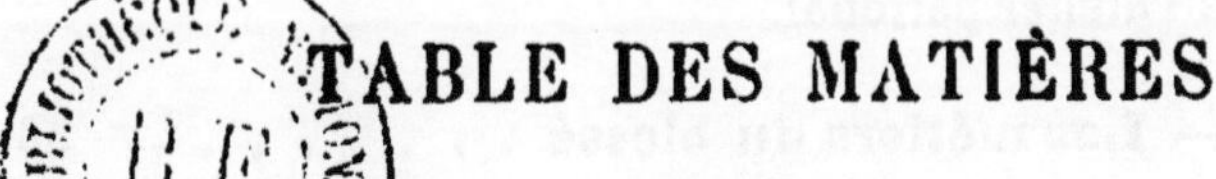

# TABLE DES MATIÈRES

## ANNEXES :



329-16. — Coulommiers. Imp. Paul BRODARD. — 10-16.

www.ingramcontent.com/pod-product-compliance
Ingram Content Group UK Ltd.
Pitfield, Milton Keynes, MK11 3LW, UK
UKHW021854190726
13855UKWH00001B/311

9 782013 255325